◎主　编　黄玉峰

◎副主编　田澍兴

◎编　著　王健瑶

第十二册

新编中华文化基础教材

中华书局

图书在版编目（CIP）数据

新编中华文化基础教材 . 第十二册 / 黄玉峰主编；王健瑶
编著 . —北京：中华书局，2018.3
ISBN 978-7-101-12945-8

Ⅰ . 新… Ⅱ . ①黄…②王… Ⅲ . 中华文化—初中—教材
Ⅳ . ①634.301

中国版本图书馆 CIP 数据核字（2017）第 290163 号

书　　名	新编中华文化基础教材（第十二册）
主　　编	黄玉峰
副 主 编	田澍兴
编　　著	王健瑶
责任编辑	祝安顺　熊瑞敏
出版发行	中华书局
	（北京市丰台区太平桥西里 38 号　100073）
	http://www.zhbc.com.cn
	E-mail:zhbc@zhbc.com.cn
印　　刷	湖南天闻新华印务邵阳有限公司
版　　次	2018 年 3 月北京第 1 版
	2018 年 3 月北京第 1 次印刷
规　　格	开本 / 880×1230 毫米　1/16
	印张 $6\frac{1}{4}$　字数 100 千字
印　　数	1-3000 册
国际书号	ISBN 978-7-101-12945-8
定　　价	22.80 元

编 写 说 明

一、《新编中华文化基础教材》是响应中共中央办公厅、国务院办公厅《关于实施中华优秀传统文化传承发展工程的意见》及教育部《完善中华优秀传统文化教育指导纲要》指导精神组织编写的中华优秀传统文化教材，一至九年级十八册，高中学段六册，共二十四册。

二、本教材以"立德树人"为教学宗旨，以分学段有序推进中华优秀传统文化教育为目标，注重培育和提高学生对中华优秀传统文化的亲切感和感受力，增强学生对中华优秀传统文化的理解力和理性认识，坚定文化自信。

三、本册教材供六年级下学期使用，内容以中国古典文学作品为主。传统文化是一种具有生命力的生活方式、思维模式和审美范式，而古典文学则是通向传统文化的重要途径。在编写过程中，我们遵循以下三个原则：

1.兼容并包的原则。教材广泛选择各种思想流派和各种体裁的文学作品，体现中华文化多元一体、和而不同的文化品格。

2.择善而从的原则。教材的选篇均为古典文学的经典篇目，是优秀传统文化中的精粹。

3.注重审美的原则。教材选择以古典文学作为通向传统文化的途径，希望学生在古典文学的审美体验和熏陶中习得并认同传统文化。

四、本册教材包含五个单元，每单元分为四个部分：

1.单元导读。此部分对单元主题作简要介绍和概览，使学生明确单元学习内容；设置情境，引发疑问与兴趣，为学习作准备。

2.选文部分。此部分为单元学习的重心，包括原文与注释两部分。原文以权威版本为底本，注释方面遵循以通解为主、局部释义的原则，帮助学生理解。

3.文史知识。此部分聚焦本单元涉及的文史知识，展开较为详尽的介绍、阐发与拓展，让学生更系统地感知文史传统。

4.思考与练习。此部分为教材的练习系统，辅助学生在单元学习过程中及学习完成后，对自己的学习情况进行检验，并明确进一步学习的任务。

五、本教材之编辑力求严谨，编写过程中广泛征求各界意见，期能以较完备之面貌呈现；然疏漏之处在所难免，敬祈学界先进不吝指教。

编者

2017年2月

目录

第一单元　民间喜怒哀乐之声
——汉乐府和《古诗十九首》

第二单元　战乱之中的悲歌
——建安风骨

第五单元　福泽子孙的传统
——《颜氏家训》

第一单元

民间喜怒哀乐之声
——汉乐府和《古诗十九首》

单元导读

中国是诗的国度。

自从《诗经》与《楚辞》分别树立了属于自己的几乎不可逾越的高峰后，它就一直蓬勃发展着。虽然后人一般把唐诗作为最高峰，但唐诗的成就并非凭空出现，之前近一千年的发展同样不容忽视，这一单元我们就来领略其中源远流长的两座高峰——汉乐府民歌和以《古诗十九首》为代表的文人诗。

乐府原是古代掌管音乐的官方机构名称，设立于秦代。汉代继承了这一传统，并将其职责扩大为搜集民歌、训练乐师等。为什么要搜集民歌呢？儒家学说认为可以从民歌中考察各地的风俗人情和政治得失，以改善政治。乐府民歌就是从民间所搜集的歌辞。

现存的汉乐府民歌数量不多，大多是东汉时期的作品，保存在宋代郭茂倩编写的《乐府诗集》中。郭茂倩还按照音乐特点把它们分为郊庙歌辞、鼓吹曲辞、相和歌辞、杂曲歌辞四种。

汉乐府民歌最突出的特点就是源于民间，在文人热心于辞赋创作的同时保留了诗歌创作的活力。汉乐府民歌生活气息浓厚，感情真挚强烈，具有很高的艺术价值。尤其可贵的是，中国诗向来以抒情诗为主流，很少有叙事诗，但在汉乐府民歌中却有相当数量的优秀叙事诗，《陌上桑》《孔雀东南飞》是其中的代表作。汉乐府的另一个重要贡献就是出现大量整齐的五言诗，这也为后来魏晋南北朝五言诗的繁荣奠定了基础。

汉乐府民歌也影响了文人诗的创作，汉代文人诗中，最杰出的当属《古诗十九首》了。在中国文学史上，《古诗十九首》相当独特：一方面因为它地位崇高，中国古代两部重要的文学批评著作，刘勰的《文心雕龙》和钟嵘的《诗品》都对其赞誉有加，前者赞其为"五言之冠冕"，后者誉之为"一字千金"；另一方面则是如此优秀的作品，其作者却始终成谜。《古诗十九首》得名于南朝梁代萧统所编的《文选》，属无名氏作品。关于其作者，历来有枚乘、曹植、王粲等多种说法，但都无法确证。但从其重视抒情、善于剪裁的艺术手法来看，它们出自于文人之手是没有争议的。

本单元我们先从汉乐府民歌入手，感受其质朴爽朗的民间韵味，然后看看文人如何受到汉乐府民歌的影响，仔细品味有"千古五言之祖"美誉的《古诗十九首》。汉乐府民歌原文据郭茂倩《乐府诗集》（中华书局1979年版），《古诗十九首》原文据隋树森《古诗十九首集释》（中华书局1955年版）。

选文部分

1. 汉乐府民歌

长歌行

"少壮不努力，老大徒伤悲"是我们耳熟能详的格言，它是什么时候出现的呢？你也许不会想到，其实早在东汉时期它就出现了。两千年来，它一直激励着我们的祖辈刻苦用功，现在轮到我们了！

青青园中葵①，朝露待日晞②。

阳春布德泽③，万物生光辉。

常恐秋节至，焜黄④华叶衰。

百川东到海，何时复西归？

少壮不努力，老大徒伤悲！

①葵：古代将叶面光滑有黏液的蔬菜统称为"葵"。　②晞（xī）：干。　③阳春：露水和阳光充足之时。阳，温和。布德泽：布施恩泽，因为露水和阳光都是植物生长所需要的。　④焜（kūn）黄：枯黄。

江 南

这首民歌描绘了江南盛景——采莲。最有趣的是使用"鱼戏莲叶"竟达五次，而通过方位的变化，不难想象"接天莲叶无穷碧"的美景和其中的悠然。有一种说法认为，"鱼戏莲叶东"以后四句是和声——大家一起唱，想来多么热闹啊！

江南可采莲，

莲叶何田田①。

鱼戏莲叶间，

鱼戏莲叶东，

鱼戏莲叶西，

鱼戏莲叶南，

鱼戏莲叶北。

枯鱼过河泣

你能想象鱼干也会说话、也会写信吗？这是不是很有想象力？汉乐府民歌里就有这么一首。它实际上借物喻理，表达了遭遇灾祸的人对同伴们的告诫。

枯鱼②过河泣，何时悔复及③！

作书与鲂鱮④，相教⑤慎出入。

---

①田田：形容莲叶盛密的样子。　②枯鱼：干鱼。　③何时悔复及：意思是追悔莫及。　④鲂（fáng）鱮（xù）：两种鱼名，前者即鳊鱼，后者即鲢鱼。　⑤相教：告诉它们。

艳歌行

全诗描绘了自然生长的松柏被砍伐用来建造宫殿的事情，看起来被精心雕琢了一番，但它却感到由衷的悲伤，这是为什么呢？

南山石嵬嵬①，松柏何离离②。

上枝拂青云，中心十数围③。

洛阳发中梁④，松树窃自悲。

斧锯截是松，松树东西摧。

特作四轮车，载至洛阳宫。

观者莫不叹，问是何山材。

谁能刻镂此？公输与鲁班⑤。

被⑥之用丹漆，薰用苏合香⑦。

本自南山松，今为宫殿梁。

十五从军征

从《诗经》中"昔我往矣，杨柳依依；今我来思，雨雪霏霏"开始，少小从军而暮年还家就成为传统诗歌的主题之一，这首正是其中的名篇。从军而失去的美好已经无法挽回，归来后的残酷现实更是拷问着时代，拷问着战争。

①南山：终南山。嵬嵬（wéi wéi）：高大的样子。　②离离：茂盛的样子。　③中心：指树木躯干。十数围：一围就是两手环抱所成圆形，十数围形容其大。　④中梁：栋梁。　⑤公输与鲁班：先秦著名巧匠，这里代指手艺高超的木匠。公输，即公输盘，也作"公输班"或"公输般"，或谓与鲁班为同一人，似不确。　⑥被：施加，这里指上漆。　⑦苏合香：产于西域的一种混合香。

十五从军征，八十始得归。

道逢乡里人，家中有阿谁①？

遥望是君家，松柏冢累累②。

兔从狗窦③入，雉从梁上飞。

中庭生旅谷④，井上生旅葵⑤。

舂谷持作饭，采葵持作羹。

羹饭一时熟，不知饴⑥阿谁。

出门东向望，泪落沾我衣。

战城南

功勋的背面让人胆寒：尸横遍野，只便宜了乌鸦——想象一下这幅画面，真是令人毛骨悚然。这首《战城南》是中国古代著名的反战诗，对战争给普通百姓带来的伤害进行了有力的控诉。

战城南，死郭⑦北，野死不葬乌可食。

为我谓乌："且为客豪⑧！

野死谅⑨不葬，腐肉安能去子逃⑩？"

水深激激⑪，蒲苇冥冥⑫。

①阿谁：即谁，阿是发语词，无义，这一句是主人公问乡里人的话。　②松柏冢累累（léi léi）：松柏成林，坟墓垒垒。冢，通"塚"，坟墓。累累，通"垒垒"，叠积的样子。　③狗窦：狗洞。　④中庭：即庭中。旅谷：植物未经播种而自生叫"旅生"，这里即是指旅生的苞谷。　⑤旅葵：旅生的葵菜。　⑥饴（yí）：通"贻"，赠送。　⑦郭：外城，古代在城的外围加筑的城墙。　⑧豪：通"号"，古代对于死者要进行招魂仪式，招魂时边说边哭。　⑨谅：料想。　⑩腐肉安能去子逃：这是诗人对乌鸦说的话，意思是这些士兵的尸体无人掩埋，只能变成腐肉成为乌鸦的食物，所以要乌鸦先号再吃也不迟。　⑪激激（jiào jiào）：清澈的样子。　⑫冥冥：幽暗的样子。

枭骑①战斗死，驽马②徘徊鸣。

梁③筑室，何以南？何以北④？

禾黍不获君何食⑤？愿为忠臣安可得？

思子良臣，良臣诚可思：

朝行出攻⑥，暮不夜归！

上 邪

这是一首著名的爱情诗，列举了种种一般认为不可能发生的变化，表达了抒情主人公对感情的坚定执著。其感情之强烈、语气之坚决真是令人赞叹不已！

---

①枭骑：即骁骑，这里指战死的士兵，即上文的"客"和下文的"良臣"。 ②驽马：劣马。 ③梁：发语词，无义。 ④这两句话的意思是：筑房的人为什么会和士兵一样南征北调呢？何以北，一本作"何北"。 ⑤这句话的意思是：人们既然在外服兵役，自然无人种植粮食，君主自然也无食可吃。禾黍，禾与黍，泛指粮食。 ⑥出攻：外出作战。

上邪①！

我欲与君相知，长命无绝衰②。

山无陵③，江水为竭，冬雷震震，夏雨雪④，

天地合，乃敢与君绝！

饮马长城窟行

亲人间的别离大多感伤，夫妻之间更是如此，这也是中国古代诗歌中的常见题材之一，佳作繁多。这首属于早期名篇。无论是开篇的托物起兴还是结尾的劝勉之词均极有特色，家中妻子对远方丈夫的信任与思念均令人动容。

青青河畔草，绵绵⑤思远道。

远道不可思，宿昔⑥梦见之。

梦见在我傍，忽觉在他乡。

他乡各异县，展转⑦不相见。

枯桑知天风，海水知天寒⑧。

入门各自媚⑨，谁肯相为言⑩！

客从远方来，遗我双鲤鱼⑪。

---

①上邪（yé）：上指天，邪是感叹语气词，这是女子指着天起誓的呼喊。　②命：令、使。衰（cuī）：衰减、断绝。　③陵：山峰。　④夏雨（yù）雪：夏季下雪。雨，作动词，下。　⑤绵绵：细长不断的样子，这里既指草也指思念之情。　⑥宿昔：昨晚。　⑦展转：通"辗转"。　⑧这两句话的意思是：枯桑虽然没有叶，仍然感到风吹，海水虽然不结冰，仍然感到天冷。这里用来比喻远方那人即使感情淡薄也应该知道我的孤独。　⑨入门：回到家里。媚：爱。　⑩这句话的意思是：谁肯代为捎信儿呢？这是抒情主人公把没有远方来信归咎于别人不肯代为传送。　⑪双鲤鱼：指藏书信的函，把两块木板刻成鱼形，一前一后把书信夹在里面。

呼儿烹鲤鱼①，中有尺素②书。

长跪③读素书，书中竟何如？

上言加餐饭，下言长相忆。

悲歌行

这是一首杂言的民歌，由第一句得名。悲从何来？显而易见是因思念故乡却不能归还，"欲归家无人"，便是无家可归矣。这也是中国古代诗歌从《诗经》开始的常见题材。"心思不能言，肠中车轮转"真是把那种难以言表而只能在心中煎熬的哀愁说得生动极了！

悲歌可以当④泣，远望可以当归。

思念故乡，郁郁累累⑤。

欲归家无人，欲渡河无船。

心思⑥不能言，肠中车轮转。

2.古诗十九首

行行重行行

这首诗和前面的《饮马长城窟行》一样是写夫妻离别的，但这首是文人诗，体现了文人吸取民歌再加以创作的特色。试比较一下这两首题材相同的诗在表达上的异同。

---

①烹鲤鱼：即打开信函。　　②尺素：古代用一尺左右的生绢写文章或书信。　　③长跪：即伸直腰跪着。跪是古人常见坐姿，两膝着地，臀部压在脚后根上，而长跪则是庄重的坐姿。　　④当（dàng）：代替。
⑤郁郁累累：重叠的样子，这里指思念故乡的情绪。　　⑥思：悲。

行行重行行①，与君生别离。

相去万余里，各在天一涯。

道路阻且长，会面安可知

胡马依北风，越鸟巢南枝②。

相去日已远，衣带日已缓③。

浮云蔽白日，游子不顾反。

思君令人老，岁月忽已晚。

弃捐勿复道④，努力加餐饭！

孟冬寒气至

这又是一首妻子思念远方丈夫的名篇，与《行行重行行》稍有不同的是，它不但有离别的痛苦，还有忠于这段感情的坚贞，"置书怀袖中，三岁字不灭"，读来真是令人感动不已！

孟冬寒气至，北风何惨慄⑤。

愁多知夜长⑥，仰观众星列。

三五⑦明月满，四五蟾兔缺⑧。

客从远方来，遗我一书札。

上言长相思，下言久离别。

---

①这句话的意思是：走啊走停不下来。　　②"胡马"两句：胡马指产于汉以北的胡地之马，自然对北风有情感，越鸟指产于汉以南的百越之鸟，自然对南方有情感，这两句意思是动物尚且依恋故乡，又何况是人呢！　　③缓：宽松。　　④勿复道：别再说了。　　⑤惨慄：惨是内心凄凉，慄是冷得发抖。　　⑥这句话的意思是：因为愁多而睡不着，因此感觉夜晚很长。　　⑦三五：即农历十五。　　⑧四五：即农历二十。蟾兔：月亮的代称。相传蟾蜍与玉兔为月中之精，故用以代指月。

11

置书怀袖中，三岁①字不灭。

一心抱区区②，惧君不识察。

涉江采芙蓉

我们前面读了很多感叹夫妻分离的诗，但它们大多是从女性角度阐释的，实际上男性也同样有自己的感受。这首作品就是从男子的角度感叹分离的佳作，你会发现它一样细腻，一样深情。

涉江采芙蓉③，兰泽④多芳草。

采之欲遗⑤谁，所思在远道。

还顾望旧乡，长路漫浩浩⑥。

同心而离居⑦，忧伤以终老。

庭中有奇树

《古诗十九首》的难以超越处，就在于多表现个体最基本的感情，相思就是一个永恒的主题。这首诗的抒情主人公形象并不特别清晰，但它表达的这种睹物思远的情愫，却千载以下，仍能让人感动。

①三岁：这里是虚指，意思是多年。　②区区：忠贞的感情。　③涉江：渡江；芙蓉：荷花。　④兰泽：长着兰草的低湿之地。　⑤遗（wèi）：赠送。　⑥漫浩浩：漫长遥远。　⑦这句话的意思是：明明感情深厚却不得不分开。

庭中有奇树，绿叶发华滋①。

攀条折其荣②，将以遗所思。

馨香盈怀袖，路远莫致之。

此物何足贵，但感别经时③。

西北有高楼

我们常说"知音难求"，可见知音对人的意义是何等重要，毕竟理解和欣赏是我们生命中必不可缺的部分。我们渴望知音，但知音总是稀少，于是就有人发出了深切的感叹，也正好说出了我们的心声。

西北有高楼，上与浮云齐。

交疏结绮窗④，阿阁⑤三重阶。

上有弦歌声，音响一何悲！

谁能为此曲，无乃杞梁妻⑥。

清商⑦随风发，中曲正徘徊⑧。

一弹再三叹，慷慨有余哀。

不惜歌者苦，但伤知音稀。

愿为双鸿鹄⑨，奋翅起高飞。

---

①这句话的意思是：花开得很茂盛。华，通"花"。滋，茂盛。　②荣：花。　③这两句话的意思是：花并不珍贵，但思念她的人的感触能代替千言万语。　④交疏：窗上交错雕刻的花格子。绮窗：有像丝织品般花纹的窗。　⑤阿阁：四面都有檐的阁楼，是古代最讲究的宫殿。下面"三重阶"也是突出此阁楼的高。　⑥无乃：莫非。杞梁妻：杞梁是春秋时齐国大夫，为国捐躯后，妻子枕着他的尸体痛哭十天，结果把城墙都哭倒了，这里是指音乐的悲苦凄凉。　⑦清商：乐曲名，曲调悲苦。　⑧中曲：曲子的中段。徘徊：这里指反复萦绕。　⑨双鸿鹄：指歌者和听歌者。

明月皎夜光

《西北有高楼》表达了对知音难求的感叹，这一首则表达了对曾经的朋友飞黄腾达后抛弃故交的叹息。本诗最值得称道的是将世态炎凉与季节变化相结合，加上对寒冷景象的生动描绘，让我们可以真切地感受到作者内心的不平。

明月皎夜光，促织鸣东壁①。

玉衡指孟冬②，众星何历历。

白露沾野草，时节忽复易③。

秋蝉鸣树间，玄鸟逝安适④？

昔我同门友，高举振六翮⑤。

不念携手好，弃我如遗迹⑥。

南箕北有斗⑦，牵牛不负轭⑧。

良⑨无磐石固，虚名复何益。

---

①这句话的意思是：蟋蟀在东墙下鸣叫。促织，蟋蟀的别名。东壁，向阳的墙壁，所以昆虫喜欢在这里鸣叫。古代以蟋蟀鸣叫标志秋天的到来。　②玉衡：指北斗七星中第五颗星，古人以北斗七星所指的方向来判定季节。孟冬：农历十月。　③忽复易：季节忽然从秋到冬。　④逝安适：去哪里。⑤六翮（hé）：翮是鸟羽之茎，常用来代指鸟的翅膀，这里比喻同门好友飞黄腾达。　⑥遗迹：走路留下的痕迹。　⑦这句话的意思是：箕宿在南而南斗在北。南箕是二十八宿之一，形状像簸箕，斗指南斗六星，当南斗和箕宿同时出现时，南斗在北而箕宿在南。　⑧这句话的意思是：牵牛星虽然名字里带"牛"但却不能像真牛一样负轭拉车，这句和"南箕北有斗"都比喻朋友间有名无实。　⑨良：实在。

回车驾言迈

人的一生总要做点什么，如何不虚度此生是我们每个人应该思考的。这首正是自我激励的作品，诗人从百草更替得出了"人生非金石，岂能长寿考"的感叹，但他并未沮丧，"奄忽随物化，荣名以为宝"是他的回答。

回车驾言迈①，悠悠涉长道。

四顾何茫茫，东风摇百草。

所遇无故物②，焉得不速老！

盛衰各有时，立身③苦不早。

人生非金石，岂能长寿考④？

奄忽随物化⑤，荣名⑥以为宝。

去者日以疏

生命短暂，死生难料，是人类的永恒痛苦。这首诗中的抒情主人公，就满怀对生命逝去、人生意义消散的焦虑，但他所想到的排解方法却颇值得玩味——回到故乡。也许这当中可以领略不少中华文化的内涵。

---

①这句话的意思是：调转车头远行。回，转。言，语助词，无意义。迈，远行。　②故物：旧物。　③立身：指有所成就。　④寿考：长寿。　⑤奄忽：急速。物化：指死亡。　⑥荣名：荣禄和名声。

去者日以疏，生者日以亲^①。

出郭门直视，但见丘与坟。

古墓犁为田^②，松柏摧为薪。

白杨多悲风，萧萧愁杀人。

思还故里闾^③，欲归道无因^④。

①这两句话的意思是：过去的事物一天天遥远，新生的事物一天天逼近。　②这句话的意思是：古代的坟墓被犁成农田。　③里闾：古代二十五家为"里"，闾是里门，这里代指家乡居所。　④因：缘由。

文史知识

一、乐府与《乐府诗集》

乐府的意思很多。首先，这是一个机构的名称，专门搜集、保存民间诗歌，并进行整理改编，训练乐师演唱。这一机构由来已久，到汉武帝时再度设立并广泛收集、润色各种曲辞，实际上是儒家礼乐制度及帝王个人享受的双重需要。后来人们将润色的民间歌谣及文人拟作的歌诗也称为"乐府"，乐府就成为一种诗体名称。在唐代格律诗兴起后，乐府成为古体诗的一类，又有狭义和广义两种，前者只指唐代之前配乐的诗，后者则包括虽然并没有配乐但沿用了前者旧题或模仿前者风格的新题作品，比如李白《将进酒》和白居易《琵琶行》就属于广义的乐府。词兴起以后由于可以配乐演唱，也被称为乐府。

《乐府诗集》是由北宋郭茂倩编写的一部专收北宋之前各代乐府诗的总集，现存一百卷，辑录了从汉魏到唐五代的乐府诗及先秦至唐末的歌谣共五千余首，是现存最完备的乐府诗总集。

二、五言诗

五言诗是古典诗歌的重要体裁，因为全诗每句五字或以五字句为主而得名。五言诗是吸收了民歌特点而形成的一种诗歌体裁，相较于四言诗，它句式多样、乐感丰富，具有更强的表现力。五言诗起源于西汉而在东汉末年趋于成熟，魏晋南北朝是其鼎盛时期。在相当长一段时期内，五言诗是诗歌创作中的正宗，《诗品》品评的主要就是五言诗的高下。这一方面是因为长期以来，四言体为主的《诗经》被视为儒家经典,《楚辞》被单独列为一种体裁,诗与歌的界限较为模糊,五言诗受乐府影响较大;另一方面,五言的体制是人们长期吟唱汉语所总结出来的经验,五言包含的信息量较为适中,音韵也非常和谐。因此,唐代以后和七言诗一起成为最常用的诗歌体裁。五言诗又可按照其是否是格律诗而细分为五言古诗、五言律诗和五言绝句。

三、《文心雕龙》和《诗品》

这是中国文学史上两部重要的文艺理论著作,探讨了文学创作的方方面面,影响深远。《文心雕龙》由南朝齐代的文学理论家刘勰（xié）创作,全书共十卷五十篇,是中国文学史上第一部体系严密的文艺理论专著,对文学创作的各方面如体裁、源流、风格、修辞有精深的见解;《诗品》则略晚于《文心雕龙》,由南朝梁代文学理论家钟嵘创作,全书共三卷,是中国文学史上第一部论诗专著,主要讨论五言诗的优劣,全书共品评了两汉至梁代的诗人一百二十二人,分为上中下三等。

思考与练习

● 背一背、默一默

1. 百川东到海，_____。

2. _____，莲叶何田田。

3. 南山石嵬嵬，_____。

4. 十五从军征，_____。

5. 战城南，_____，_____。

6. 我欲与君相知，_____。

7. 青青河畔草，_____。

8. 悲歌可以当泣，_____。

9. _____，越鸟巢南枝。

10. 一弹再三叹，_____。

11. 涉江采芙蓉，_____。

12. 不念携手好，_____。

13. 馨香盈怀袖，_____。

14. 人生非金石，_____。

15. 白杨多悲风，_____。

16. 愁多知夜长，_____。

17.《长歌行》中直接勉励后辈不要虚度时光的两句：_____，_____。

18.《艳歌行》中描写南山松身姿挺拔的两句：_____，_____。

19.《十五从军征》中描写家乡因战乱而无人的两句（答案非一）：_____，_____。

20.《上邪》中直抒胸臆表达女主角忠于感情的两句：_____，_____。

21.《饮马长城窟行》中描写信满怀希望地阅读书信的两句：_____，_____。

22.《悲歌行》中用比喻修辞表达内心悲痛不能言的两句：_____，_____。

23.《行行重行行》中表达对游子不归的埋怨的两句：_____，_____。

24.《西北有高楼》中表达希望能遇到知音的两句：_____，_____。

25.《明月皎夜光》中借天象感叹朋友有名无实的两句：＿＿＿＿＿＿，

＿＿＿＿＿＿。

26.《回车驾言迈》中直接感叹时光流逝飞快的两句：＿＿＿＿＿＿，

＿＿＿＿＿＿。

27.《去者日以疏》中直接感叹时光流逝飞快的两句：＿＿＿＿＿＿，

＿＿＿＿＿＿。

28.《孟冬寒气至》中描写月亮变化的两句：＿＿＿＿＿＿，＿＿

＿＿＿＿＿＿。

二 比一比、赛一赛

1. 和你的小伙伴们分成两队，一队组成"乐府队"，一对组成"文人队"，交替朗诵他们的作品，看谁表现更好！

2. 模仿《枯鱼过河泣》的语言风格，以鲂鲤的口吻给枯鱼写一封回信，看看谁写得最生动！

3. 请以南山松的视角把它从生长山林到被砍伐成为建筑材料的遭遇写成一首五言诗。

三 探究

1.你知道《古诗十九首》还有哪些作品吗？读一读这些作品吧，它们一样美！

2. 西方有八十八星座，中国古代有三垣二十八宿，同样是对星空的划分和命名，有什么差别吗？请查找相关资料，试比较分析其异同。

四 我来配插画

根据诗意展开想象，和小伙伴们合作，把《十五从军征》一句句画下来，做成长卷展示。

第二单元

战乱之中的悲歌
——建安风骨

单元导读

　　三国鼎立大概是中国人最喜闻乐道的一段历史了。有意思的是，说到三国，人们想到的大多是王侯将相，却很少有文人的身影。也难怪，乱世纷争，群雄逐鹿，自然是政治家和军事家的舞台啊！

　　可就是在这个乱世，那些看似百无一用的文人们为我们留下了一个辉煌灿烂的词语——建安风骨。

　　它的影响是如此之大：三百年后的钟嵘沉痛地惋惜着——"建安风力尽矣"，他感叹；四百年后的陈子昂激动地回忆着——"汉魏风骨（即建安风骨），晋宋莫传"，他怀念；五百年后的李白陶醉地赞美着——"蓬莱文章建安骨"，他狂吟；一千七百年后的鲁迅由衷地佩服着——"这是文学的自觉时代"，他断定。

　　"建安"本是汉献帝的年号，"风骨"指超逸的气质、挺拔的品格，两者合起来，就是指建安时期文学（主要是诗歌）所独具的内在气质：内容充实、情感丰沛、明朗刚健、慷慨悲壮。东汉末年，战乱频繁，民不聊生，文人也因此漂泊无依，大量鲜活的题材涌现，绝不无病呻吟；经历了战乱的洗礼，变得慷慨激昂，绝不气格卑弱；汉乐府民歌质朴爽快的风格辅以修饰之功，融合直爽与秀丽，绝不扭捏作态。

　　建安文学的发展，主要是由"三曹"推动的。

　　"三曹"即曹操和他的儿子曹丕、曹植。尽管小说戏曲经常塑造曹操的反面形象，但他确实是一位了不起的政治家，是他结束了北方战乱和分裂的局面，又通过屯田和选拔人才恢复了中原的秩序——由此，社会趋于安定，文学才走向繁荣。他同时也是位诗人，写了一些佳作，更大力提倡创作，曹丕、曹植便深受其影响并加以扩大。尤其是曹植，才华盖世，被后来同样是大诗人的谢灵运尊为"才高八斗"。

"三曹"之外另有"建安七子"，他们都是魏国文士，围绕着"三曹"贡献自己的才华，用自己的作品为建安文学的大厦添砖加瓦——他们并非亦步亦趋之辈，而是高举个性，共同掀起了中国文学史上第一次文人诗的创作高潮。

如此，建安文学的天空才会群星争辉、泽被后世。

本单元编选了这十位作家的十七篇作品，编排上先"三曹"再"建安七子"。曹操被公认为复兴了四言诗；曹丕的《燕歌行》是现存最早的完整七言诗，《典论·论文》则高度评价了文学的意义；曹植的作品是他曲折一生的写照；"建安七子"现存作品较少，七人各入选一首。"三曹"的诗以《乐府诗集》所收录者为底本，不见于《乐府诗集》者，以清沈德潜编选之《古诗源》（中华书局1963年版）为底本。"建安七子"以俞绍初辑校之《建安七子集》（中华书局1989年版）为底本。

选文部分

1. 曹　操

短歌行

> 《短歌行》是乐府诗题，属《相和歌·平调曲》。曹操这首《短歌行》应该是专用于宴会场合，其中表达了感叹时光飞逝、怀念挚友、渴望获得贤才辅佐自己成就大业等多种思想，真挚感人。

对酒当歌，人生几何！譬如朝露，去日苦多①。

慨当以慷②，忧思难忘。何以解忧？唯有杜康③。

青青子衿，悠悠我心④。但为君故，沉吟至今⑤。

呦呦鹿鸣，食野之苹。我有嘉宾，鼓瑟吹笙⑥。

明明如月，何时可辍⑦？忧从中来，不可断绝。

---

①去日苦多：可悲的是逝去的日子已经太多。苦，患。　　②慨当以慷：就是"当慨而慷"的意思。　　③杜康：相传是酿酒始祖，这里指代酒。　　④这两句引用《诗经·郑风·子衿》诗句，衿是衣领，青衿是周代学子服装，这里表达曹操对贤才的渴慕。　　⑤这两句是说因为思慕贤才而吟诵《子衿》。但，只。君，所思慕的人，即上文"青青子衿"。　　⑥这四句引用《诗经·小雅·鹿鸣》。该诗也是宴客之诗，这里借用同样表示招揽贤才。苹，艾蒿。瑟、笙，均为古代乐器。　　⑦辍：通"掇"，采拾。

越陌度阡^①，枉用相存^②。契阔^③谈讌，心念旧恩。

月明星稀，乌鹊南飞。绕树三匝^④，何枝可依？

山不厌高，海不厌深^⑤。周公吐哺^⑥，天下归心。

龟虽寿

选自《步出夏门行》第四章，以《龟虽寿》为名，属于《相和歌·瑟调曲》。"夏门"是洛阳北面西头城门，史载"市朝人易，千岁墓平"，原是叹息人生无常的，但曹操却用此题表达了人生有限而壮志无穷，天命难违但人力可为的乐观思想。

神龟^⑦虽寿，犹有竟时。

腾蛇乘雾，终为土灰^⑧。

老骥^⑨伏枥，志在千里。

烈士^⑩暮年，壮心不已。

盈缩^⑪之期，不但在天；

养怡^⑫之福，可得永年。

幸甚至哉，歌以咏志^⑬。

①越陌度阡：陌、阡都是田间的道路，这里意思是客人远道而来。　②枉用相存：意思是客人屈驾来访，依稀可辨的样子。　③契阔：契是投合，阔是疏远，这里是偏义复词，偏契，意思是两情契合。　④匝：圈。　⑤这两句话的意思是：人才多多益善。这里借用《管子·形解》"海不辞水，故能成其大；山不辞土，故能成其高；明主不厌人，故能成其众"的句子。厌，通"餍"，满足。　⑥周公吐哺：周公即周公旦，曾"一沐三握发，一饭三吐哺。起以待士，犹恐失天下之贤"，这里用周公自比，表明求贤建功的志向。　⑦神龟：中国人从古代起就用龟代表长寿的动物，《庄子·秋水》："吾闻楚有神龟死已三千岁矣。"　⑧这两句话的意思是：腾蛇是传说中龙的同类，能兴云驾雾，但终究也不免一死。　⑨老骥：原作"骥老"，今从通行本。　⑩烈士：这里指积极建功立业之人。　⑪盈缩：指进退、祸福、成败等。　⑫养怡：养生。　⑬这两句是配合音乐所唱，与正文无关。

2.曹 丕

燕歌行二首（其一）

《燕歌行》是乐府诗题，属于《相和歌·平调曲》。这个曲调之前并没有记载，因此相传是曹丕开创的，后来成为乐府诗沿用的题目。因为燕地偏远，古代战争不绝，因此曹丕以此题写女子怀念在外的丈夫。

秋风萧瑟天气凉，草木摇落露为霜，群燕辞归鹄①南翔。

念君客游思断肠②，慊慊③思归恋故乡，君何淹留④寄他方？

贱妾茕茕⑤守空房，忧来思君不敢忘，不觉泪下沾衣裳。

援琴鸣弦发清商，短歌微吟不能长。

明月皎皎照我床，星汉西流夜未央⑥。

牵牛织女遥相望，尔独何辜限河梁⑦。

---

①鹄（hú）：天鹅。　②客游：在外游历，犹如作客。思断肠：原作"多思肠"，今从《文选》本。③慊慊（qiè qiè）：心不满足的样子。　④淹留：久留。　⑤贱妾：妻子的自称。茕茕（qióng qióng）：孤单的样子。　⑥星汉：银河。夜未央：夜色已深而未尽的时候。　⑦尔：指牵牛和织女。何辜：何故。河梁：银河上的桥，相传牵牛和织女隔着银河，每年只有七月七日可以相见，由乌鹊为他们搭桥。

典论·论文（节选）

> 魏文帝曹丕大概是中国历史上最文艺的皇帝之一，他的《典论·论文》专门论述了文学对时代和国家的重要性。实际上，他本人就是很好的证明：曹丕身为"三曹"之一的文学家的名声甚至超过了他做皇帝的名声。原文据严可均辑《全上古三代秦汉三国六朝文》（中华书局1958年版）。

　　盖文章，经国①之大业，不朽之盛事。年寿有时而尽，荣乐止乎其身②，二者必至之常期③，未若文章之无穷。是以古之作者，寄身于翰墨④，见意于篇籍⑤，不假良史之辞⑥，不托飞驰之势⑦，而声名自传于后。故西伯幽而演《易》，周旦显而制《礼》⑧，不以隐约而弗务⑨，不以康乐而加思⑩。夫然⑪，则古人贱尺璧而重寸阴，惧乎时之过已。而人多不强力⑫，贫贱则慑于饥寒，富贵则流于逸乐，遂营⑬目前之务，而遗千载之功。日月逝于上，体貌衰于下，忽然与万物迁化⑭，斯志士之大痛也！

---

①经国：治国。　②荣乐：指荣华与享乐。止乎其身：仅仅限于自身。　③常期：有一定的期限。　④寄身：托身、从事。翰墨：笔墨，这里借代文章。　⑤见（xiàn）意：表达思想。篇籍：篇章书籍。　⑥假：借助。良史之辞：史官的记载。　⑦托：凭借、依托。飞驰之势：指显贵者的位势。　⑧这句是说周公辅佐成王后，作《周礼》六篇。周旦，周公旦。显，显贵。　⑨这句承接"故西伯幽而演《易》"而言，"隐约"指困穷，"弗为"指不为。　⑩这句承接"周旦显而制《礼》"而言，"加思"指改变著述的想法。　⑪夫然：正因为如此。　⑫强力：奋发努力。　⑬营：经营。　⑭迁化：迁移变化，这里指生命的终结。

3.曹　植

薤^①露行

《薤露行》是乐府诗题，属于《相和歌·相和曲》。"薤露"指人的生命就像薤叶上的露水，太阳一晒，极易干掉。这首作品正取此意。

天地无穷极，阴阳转相因^②。

人居一世间，忽若风吹尘。

愿得展功勤^③，输力于明君。

怀此王佐才，慷慨独不群。

鳞介尊神龙，走兽宗麒麟^④。

虫兽犹知德，何况于士人。

孔氏删《诗》《书》，王业粲^⑤已分。

骋我径寸翰^⑥，流藻垂华芬。

送应氏二首（其一）

这是曹植的早期作品，"应氏"指的是"建安七子"之一应玚和他弟弟应璩。曹植在洛阳送别应氏兄弟，写下了这组诗。战乱摧毁了东汉的首都洛阳，可见战火给社会带来的伤害之深。

---

①薤（xiè）：一种多年生草本植物，细长叶，紫色花，鳞茎长在地下，可以食用，也称藠（jiào）头。②这句话的意思是：寒暑运转，互相更替。　③功勤：功劳。　④这两句话的意思是：水族以神龙为尊，动物以麒麟为尊。　⑤粲：明显。　⑥这句意思是挥洒我不过一寸的笔。骋，背驰，这里是挥洒的意思。径寸，直径一寸。翰，笔毫。

步登北邙阪①，遥望洛阳山。

洛阳何寂寞，宫室尽烧焚。

垣墙皆顿擗②，荆棘上参天。

不见旧耆③老，但睹新少年。

侧足④无行径，荒畴不复田⑤。

游子久不归，不识陌与阡。

中野何萧条，千里无人烟。

念我平常居，气结不能言⑥。

---

①北邙（máng）阪：北邙山在洛阳东北。　②顿擗（pǐ）：顿是倒塌，擗是分裂。　③耆（qí）：古代称六十岁以上人为耆。　④侧足：侧身而行。　⑤这句话的意思是：撂荒的田地不再有人耕种。畴，耕地。田，此处作动词，耕地。　⑥这两句是站在应氏兄弟立场上说的。气结，内心郁结。

野田黄雀行

《野田黄雀行》是乐府诗题，属于《相和歌·瑟调曲》。这是一首悼念朋友的作品，曹丕即位后，凡与曹植相亲厚的人都受到迫害。曹植恨不能援救，只好写诗纾愤，自有一股不平之气。

高树多悲风，海水扬其波。

利剑不在掌，结友何须多？

不见篱间雀，见鹞自投罗①。

罗家②得雀喜，少年见雀悲。

拔剑捎③罗网，黄雀得飞飞。

飞飞摩④苍天，来下谢少年。

七步诗

这大概是曹植最出名的作品了，相传曹丕登基后命令曹植在七步之内作一首诗，否则就要重责，可谓千钧一发。曹植巧妙地以豆、萁作比，完成了兄长苛刻的要求，不但显示了敏捷的才思，更是他苦闷情绪的流露。

煮豆持作羹，漉豉⑤以为汁。

萁在釜下燃⑥，豆在釜中泣。

---

①这句话的意思是：黄雀看到了凶猛的鹞（yào）鹰慌忙躲避，不料撞到了罗网之中。　②罗家：结网的人家。　③捎：通"筲"，削除。　④摩：迫近。　⑤漉：过滤。豉：蒸熟后发过霉的豆，即豆豉。　⑥萁（qí）：豆杆。釜：古代炊具，用于蒸煮。

本是同根生，相煎何太急①？

七　哀

中国古代诗歌中有一类闺怨诗，这类诗以表现女子的哀愁为主要内容，又暗含了作者的心事。"七哀"是说七情中只剩下哀伤。一般认为这里是借怨妇来表达兄弟隔阂的痛苦，用意与《七步诗》相似。

明月照高楼，流光正徘徊。

上有愁思妇，悲叹有余哀。

借问叹者谁，言是客子②妻。

君行逾十年，孤妾常独栖。

---

①煎：煎熬，这里指迫害。何太急：何必如此急迫？　②客子：在外乡作客，日久不归的人。一作"宕子"。

君若清路尘，妾若浊水泥①。

浮沉各异势，会合何时谐②？

愿为西南风，长逝入君怀。

君怀良③不开，贱妾当何依？

求自试表（节选）

曹丕死后曹睿即位，但这个侄子对叔叔的猜忌并未停止。年岁已高，恐令名不立，因此他写了这篇《求自试表》推荐自己，文中满怀对当世功业与身后声名的焦虑，只是一切还是惘然。原文据严可均辑《全上古三代秦汉三国六朝文》（中华书局1958年版）。

每览史籍，观古忠臣义士，出一朝之命，以徇④国家之难，身虽屠裂，而功勋著于鼎钟⑤，名称垂于竹帛，未尝不拊心⑥而叹息也。臣闻明主使臣，不废有罪。故奔北、败军之将用，秦鲁以成其功⑦；绝缨、盗马之臣赦，楚赵以济其难⑧。臣窃感先帝早崩⑨，威王弃世⑩，臣独何人，以堪长久。常恐先朝露⑪，填沟壑⑫，坟土未干，而声名并灭。

---

①浊水泥：与清路尘本是一物，上浮为尘，下沉为泥。　②谐：相合。　③良：常。　④徇（xùn）：通"殉"，为国牺牲。　⑤鼎钟：古代将功绩铭刻于钟鼎上来纪念。　⑥拊心：拍胸，表示感情激烈。　⑦秦国大将孟明视多次战败，秦穆公坚持用他为将，最终打败晋国，一雪前耻；鲁将曹沫三次被齐国打败，鲁庄公继续用他，终于在柯地会盟时夺回失地。　⑧楚庄王与众将饮酒，有人趁夜拉美人衣，被美人摘去帽缨，美人要楚庄王惩罚，楚庄王命所有人摘去帽缨，日后楚庄王与晋国大战，此人奋勇杀敌以报答当日之恩；秦穆公赦免盗马之人，日后与晋国作战即将大败时获得盗马之人援助，反败为胜。秦与赵为同姓，因上句已经出现秦，故以赵代指秦国。　⑨先帝：指魏文帝曹丕。崩：古代天子死叫崩。　⑩威王：指任城王曹彰，谥号为威。弃世：死亡。　⑪先朝露：露水易干，比喻人死得快。　⑫填沟壑：指埋葬，借指死亡。

4.孔　融

临终诗

孔融，字文举，"建安七子"之首，是孔子的二十世孙。幼年让梨之事家喻户晓。虽名列"七子"，实际上他和陈琳要比其他五人年长许多，后因触怒曹操被杀，这首就是他临终所作，总结了许多人生教训。

言多令事败，器漏苦不密①。

河溃蚁孔端，山坏由猿穴。

涓涓江汉流，天窗通冥室②。

谗邪害公正，浮云翳③白日。

靡辞无忠诚④，华繁竟不实⑤。

人有两三心，安能合为一？

三人成市虎⑥，浸渍解胶漆⑦。

生存多所虑，长寝⑧万事毕。

5.王　粲

七哀三首（其一）

王粲，字仲宣，有"七子之冠冕"的美誉。他擅长辞赋，曹丕认为可与张衡、蔡邕相匹敌。这是王粲的早年作品，当时他为避难从长安逃往荆州，将路上所见记录在诗里，读来令人断肠。

---

①器：容器。苦：困于。　②冥室：暗室。　③翳（yì）：遮蔽。　④这句话的意思是：华美的言辞没有忠诚。　⑤实：名词活用为动词，结果实。　⑥相当于成语"三人成虎"，比喻流言重复多次，就能使人信以为真。　⑦浸渍：长时间浸泡，比喻逐渐影响。胶漆：胶和漆都是黏结牢固之物，本不容易解开。　⑧长寝：指死去。

西京①乱无象，豺虎方遘患②。

复弃中国③去，远身适荆蛮④。

亲戚对我悲，朋友相追攀。

出门无所见，白骨蔽平原。

路有饥妇人，抱子弃草间。

顾闻号泣声，挥涕独不还。

未知身死处，何能两相完⑤！

驱马弃之去，不忍听此言。

南登霸陵⑥岸，回首望长安。

悟彼下泉⑦人，喟然伤心肝。

6.陈　琳

饮马长城窟行

陈琳，字孔璋，"七子"之一。他曾作《为袁绍檄豫州文》，历数曹操罪状。曹操击败袁绍后俘获陈琳，爱其才，仍重用。《饮马长城窟行》是乐府诗题，属于《相和歌·瑟调曲》，这首诗描写繁重的劳役给广大人民带来的苦难。

---

①西京：长安。　②豺虎：指董卓部将李傕、郭汜等人攻破长安，大肆烧杀劫掠。遘（gòu）：通"构"，造成。　③中国：这里指长安。　④远身：一本作"委身"，这里指自己离开长安，远赴荆州。荆蛮：指荆州，古代以为是南蛮之地，故称。　⑤这两句是模拟丢弃孩子的妇人的口吻，意思是我都不知道自己将葬身何处，哪能和你母子相全呢？　⑥霸陵：汉文帝陵墓，文帝在时天下大治，与现在的战乱形成鲜明对比，所以王粲特别提及霸陵。　⑦下泉：指《诗经·曹风·下泉》，古人以此诗表达对贤君和太平盛世的渴望。

饮马长城窟①，水寒伤马骨。

往谓长城吏，慎莫稽留太原卒②！

官作自有程，举筑谐汝声③！

男儿宁当格斗死，何能怫郁④筑长城？

长城何连连，连连三千里。

边城多健少⑤，内舍多寡妇。

作书与内舍，便嫁莫留住。

善待新姑章⑥，时时念我故夫子⑦！

报书⑧往边地，君今出语一何鄙⑨？

身在祸难中，何为稽留他家子⑩？

生男慎莫举，生女哺用脯⑪。

君独不见长城下，死人骸骨相撑拄。

结发⑫行事君，慊慊心意关⑬。

明知边地苦，贱妾何能久自全？

---

①长城窟：长城侧畔的泉眼。　②这是来自太原郡的役夫对长城吏说的话，恳求千万不要羁留。
③这两句是长城吏不耐烦地回答太原卒的话。官作，官府的工程，指筑城。程，期限。举筑谐汝声，
举起你们的筑土工具，喊齐你们打夯的号子。　④怫（fú）郁：忧郁，心情不舒畅。　⑤健少：
健壮的年轻人。　⑥这句是役夫要守候家中的妻子改嫁。姑章，指丈夫的母亲与父亲。　⑦故
夫子：旧日的丈夫。　⑧报书：回信。　⑨这句是役夫妻子回答役夫的话。鄙，浅薄，不近人情。
⑩这句是役夫向妻子解释让她改嫁的苦衷。他家子，别人家女子，这里指自己的妻子。　⑪这两句表
达要重女轻男，这在古代是极为反常的，突出徭役繁重带来的痛苦。举，抚养。脯，干肉。　⑫结发：
指成婚，古礼成婚之夕男左女右共髻束发。　⑬关：牵连。

7. 阮 瑀

驾出北郭门行

阮瑀，字元瑜，"七子"之一，又是"竹林七贤"之一阮籍的父亲。《驾出北郭门行》是乐府诗题，属于《杂曲歌》，写了一个孤儿在生母墓前哭诉被后母虐待的故事，全诗多用白描，将孤儿内心的痛苦无依表露无遗，颇为动人。

驾出北郭门①，马樊②不肯驰。

下车步踟蹰③，仰折枯杨枝。

顾闻丘林中，嗷嗷④有悲啼。

借问啼者出，何为乃如斯。

亲母舍我殁，后母憎孤儿。

饥寒无衣食，举动鞭捶施⑤。

骨消肌肉尽，体若枯树皮。

藏我空室中，父还不能知。

上冢察故处⑥，存亡永别离。

亲母何可见，泪下声正嘶。

弃我于此间，穷厄岂有赀⑦？

传告后代人，以此为明规⑧。

---

①北郭门：郭是外城，北郭门就是城的北门，古代坟墓多在城北。 ②樊：马负过重，止而不前。 ③踟蹰（chí chú）：迟疑不前的样子。 ④嗷嗷（jiào jiào）：哭声。 ⑤举动：动辄。捶：同"箠"，杖。施：指打在身上。 ⑥故处：指孤儿母亲的坟墓。 ⑦穷厄：贫穷困苦。赀：通"资"，钱财。 ⑧明规：明白的鉴戒，这是作者劝诫世人的话。

8.刘 桢

赠从弟三首（其二）

刘桢，字公干，"七子"之一，以五言诗著称，与曹植并称"曹刘"，又与王粲并称"刘王"。这首诗是他的代表作，语言简洁明快，抒写远大志向，不假雕琢而格调颇高。

亭亭山上松，瑟瑟谷中风。

风声一何盛，松枝一何劲。

冰霜正惨凄，终岁①常端正。

岂不罹②凝寒？松柏有本性。

9.徐 幹

答刘桢

徐幹，字伟长，"七子"之一，由曹操提拔而出仕，以辞赋闻名，与王粲齐名，可惜其作品大多亡佚。"七子"同在邺下为官，平时屡有唱和，这首就是徐幹对刘桢赠诗的回作。语言浑朴，真情自见。

与子别无几，所经未一旬。

我思一何笃，其愁如三春。

虽路在咫尺，难涉如九关③。

①终岁：整年。　②罹：原作"罗"，据《古诗纪》本改，遭受。　③九关：九重天门。关，闭门的横木，这里指门。

陶陶朱夏德^①，草木昌且繁。

10. 应 场

别诗二首（其一）

应场（yáng），字德琏，"七子"中年龄最小的一位，他和他的弟弟应璩又被称为"汝南才子"。这是应场的绝命诗，语言直白自然，不仅思乡之情令人动容，临终那种希望回归本然的忧思尤其感人。

朝云浮四海，日暮归故山。

行役^②怀旧土，悲思不能言。

悠悠涉千里，未知何时旋^③。

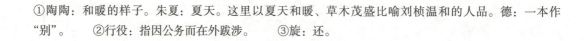

①陶陶：和暖的样子。朱夏：夏天。这里以夏天和暖、草木茂盛比喻刘桢温和的人品。德：一本作"别"。　②行役：指因公务而在外跋涉。　③旋：还。

文史知识

一、年号

古代帝王为记录其在位之年而设立的名号，始于汉武帝"建元元年"，其中"建元"就是中国历史上第一个年号。年号一般由两字组成，少数也有三字、四字乃至六字者。历代帝王在遇到祥瑞忧患、大事要事时都会更改年号，这称为"改元"。一个皇帝所用年号少则一个，多则十几个，明清皇帝大多只用一个年号。年号在中国一直延续到清朝末年，今已废止。它也被朝鲜、越南、日本等国家采用，在东亚影响巨大，日本至今保留。

二、建安七子

建安年间七位文人的合称，说法出自曹丕《典论·论文》，包括：孔融、陈琳、王粲、徐幹、阮瑀、应玚、刘桢，因为七人同居邺城，所以又号"邺中七子"。这七人是建安文学除三曹外的又一代表，颇能体现"建安风骨"而各有特色，可惜作品大多亡佚。

三、七言诗

七言诗是古典诗歌体裁之一，因为全诗每句七字或以七字句为主而得名。七言诗起源复杂，与之可能有渊源的有《楚辞》、西汉"柏梁体"、汉乐府等。与五言诗相较而言，七言诗的发展要晚一些。曹丕的《燕歌行》被认为是最早的由文人创作的完整七言诗，但它还是脱胎于乐府，且句句押韵，其成熟程度显然低于同时期的五言诗。七言诗要到唐代才真正发达起来，成为又一种富于表现力的诗歌形式。常见的七言诗有七言古体、七言绝句和七言律诗三种。

四、闺怨诗

闺怨诗是汉族古典诗歌常见题材之一，主要抒写古代弃妇和思妇（包括征妇、商妇、游子妇等）的忧伤或者少女的心事。因为古代用闺阁特指女子所住地方而得名。闺怨诗既有出自女作家之手的作品，也有男作家模拟女子口吻揣测女子心理的作品，历代均不乏佳作。闺怨诗中还有些描写宫女被束缚在皇宫中不得自由、浪费青春的作品，这些也被称为宫怨诗。

思考与练习

● 背一背、默一默

1. 对酒当歌，_____。
2. _____，可得永年。
3. _____，尔独何辜限河梁。
4. 鳞介尊神龙，_____。
5. 盖文章，_____，_____；
6. _____，遥望洛阳山。
7. _____，海水扬其波。
8. 煮豆持作羹，_____。
9. _____，流光正徘徊。
10. 故奔北、败军之将用，_____；_____，而楚赵以济其难。
11. _____，器漏苦不密。
12. 出门无所见，_____。
13. 男儿宁当格斗死，_____。
14. _____，仰折枯杨枝。
15. 岂不罹凝寒，_____。
16. 我思一何笃，_____。
17. 行役怀旧土，_____。

18. 《短歌行》中用比喻手法表现时光飞逝、人生短暂的两句：_____，_____。

19. 《龟虽寿》中表示有志向的人即使到了晚年也不沉寂的两句：_____，_____。

20. 《燕歌行二首（其一）》中描写秋天夜色的两句：_____，_____。

21. 《典论·论文》中说明古人珍惜时间的两句：_____，_____。

22. 《薤露行》中表明希望凭借文采扬名后世的两句：_____，_____。

23. 《送应氏二首（其一）》中描写洛阳衰败景象的两句（答案非一）：_____，_____。

24. 《野田黄雀行》中描写少年英勇解救黄雀的两句：_____，_____。

25.《七步诗》中感叹骨肉相残的两句：＿＿＿＿＿＿＿，＿＿＿＿＿＿＿。

26.《七哀》中对比自己和丈夫不同处境的两句：＿＿＿＿＿＿＿，

＿＿＿＿＿＿＿。

27.《求自试表》中赞扬忠臣义士身死名存的两句：＿＿＿＿＿＿＿，

＿＿＿＿＿＿＿。

28.《临终诗》中感叹人心不齐的两句：＿＿＿＿＿＿＿，＿＿＿＿＿＿＿。

29.《七哀三首（其一）》中交代长安混乱的原因的两句：＿＿＿＿＿＿＿，

＿＿＿＿＿＿＿。

30.《饮马长城窟行》中表达役夫不愿忍受苦役的两句：＿＿＿＿＿＿＿，

＿＿＿＿＿＿＿。

31.《驾出北郭门行》中描写孤儿在家受虐待的两句：＿＿＿＿＿＿＿，

＿＿＿＿＿＿＿。

32.《赠从弟三首（其二）》中描写松柏不惧严寒的两句（答案非一）：＿＿

＿＿＿＿＿＿＿，＿＿＿＿＿＿＿。

33.《答刘桢》中感叹和刘桢虽然相隔很近却很难见面的两句：＿＿＿＿＿＿＿

＿＿＿＿＿＿＿，＿＿＿＿＿＿＿。

34.《别诗二首（其一）》感叹离家遥远，渴望归乡的两句：＿＿＿＿＿＿＿

＿＿＿＿＿＿＿，＿＿＿＿＿＿＿。

35.三曹分别是＿＿＿＿＿、＿＿＿＿＿和＿＿＿＿＿；建安七子指的则是＿＿＿＿＿、＿＿＿

＿＿、＿＿＿＿＿、＿＿＿＿＿、＿＿＿＿＿、＿＿＿＿＿和＿＿＿＿＿。其中被称为"才高八斗"和

"七子之冠冕"的分别是＿＿＿＿＿和＿＿＿＿＿。

🔘 比一比、赛一赛

1. 挑一位本单元你最喜欢的诗人，和小伙伴们交流喜欢的理由，并看谁背
诵其作品更熟练。

2. 和你的小伙伴们分成两队，一队组成"三曹队"，一对组成"建安七子
队"，交替朗诵他们的作品，看谁表现更好！

3. 把《七步诗》改编成剧本，和小伙伴们一起演出，大家轮流来当曹丕和
曹植，体会不同心情。

1. 除了曹植的《七哀》，本单元还有一首闺怨诗，你能找出来并和《七哀》比较一下吗？

2. 任选"建安七子"中的一位，模仿《史记》体例为他撰写传记。

3. 除了代表性的"三曹"和"建安七子"，建安文学还包括哪些作家？找出他们的名字和作品。

4. 读过了《七步诗》，你知道曹丕曾经迫害亲兄弟曹植，那么究竟是为什么呢？把原因找出来！

5. 谢灵运曾说曹植"才高八斗"，这本身就包含了一段有意思的故事。你知道吗？

四 我来配插画

根据诗意，展开想象，把《七步诗》画下来。

第三单元

回归田园的美好生活
——陶渊明

单元导读

你听说过"不为五斗米折腰"的故事吗？

你背诵过"采菊东篱下，悠然见南山"的诗句吗？

你是否知道菊花和一位古代诗人的不解之缘？

这些都和陶渊明有关。在这个单元里，就让我们一起走进这位诗人的世界。

历史上有一群很特殊的人：他们不愿为官，告别庙堂而选择与山林农亩相处。这些人被称为隐士（或处士、征士），从远古的许由①、巢父②到春秋战国的介之推③、庄子④，再到东汉的严光⑤，陶渊明正是魏晋南北朝时期诸多隐士中知名的一位。

公元405年十一月的一天，刚刚上任八十几天的彭泽令陶渊明做出了一个决定：辞官回家。这是一个伟大的决定，从此中国历史上少了一个平常的官僚而多了一位伟大的诗人。这一年，陶渊明正好四十一岁。

陶渊明为什么要辞官呢？一方面，他的妹妹在武昌病逝，他要去奔丧，所以必须

---

①许由：相传是尧舜时代的贤人，尧想传位给他，他认为这是对他的羞辱，就到颍水洗耳朵，从此隐居。
②巢父：相传是尧舜时代的贤人，许由洗耳时，巢父认为这水也变得秽浊，不愿让牛在其下游饮水。
③介之推：春秋时晋国名臣，随同公子重耳流亡，重耳回国即位后不愿受禄而隐居不见。　④庄子：即庄周，战国时哲学家，道家学派的代表人物，当过宋国漆园吏，后来隐居南华山。　⑤严光：东汉隐士，字子陵，辅佐刘秀起兵，刘秀称帝后改名换姓隐居富春江，多次拒绝刘秀延聘。

辞去官职；另一方面，则是他散淡的天性与复杂的官场实在格格不入。其实，陶渊明年轻时深受儒学和魏晋玄学的双重影响，也曾有过经邦济世之志。他二十九岁第一次出仕，任江州祭酒①，很快就辞官回家。之后他就一直在做官和归隐中徘徊。出任彭泽令是最后一次尝试，但他依然无法忍受，最终彻底退出，从此归隐山林，躬耕自养。

是呀，田园生活是多么充实而惬意啊！一大早去田里除草，闲暇时看着远处人家飘来的炊烟，或者采一把菊花感受其芬芳。晚上扛着锄头在洒着月光的小路上回家，孩子们早已在门口等候自己归来。可以走亲访友，说些不必掩饰的真心话，也可以自斟自酌，读书赋诗。这样的生活，就像是笼子里的鸟回到原先的树林、池塘中的鱼回到曾经的水潭一样，多么自然啊！

当然，田园生活并不全是美好的，陶渊明晚年生活颇为拮据，甚至一度靠乞食为生，但前来看望他的江州刺史檀道济②劝他再次出仕时，他毫不犹豫地拒绝了。

陶渊明留下的文学作品不多，包括诗歌、散文和辞赋，其中成就最高的是诗歌。他的作品丰富了中国诗的题材与技法，开创了中国文学史上田园诗派的伟大传统；他被称为"古今隐逸诗人之宗"，成为后世文人效仿对象，唐代的王维③、宋代的林逋④都是他的后辈。本单元选文原文据逯钦立校注之《陶渊明集》（中华书局1979年版）。

---

①祭酒：古代学官名。　②檀道济：南朝宋将领。　③王维：唐代诗人、画家，字摩诘（jié），号摩诘居士，世称"王右丞"，辞官后在终南山隐居。　④林逋：宋代词人，字君复，终身未仕，后隐居杭州西湖。

选文部分

归园田居五首（其一）

《归园田居五首》是陶渊明最著名的组诗之一，这里是其中第一首。根据其中"误落尘网中，一去三十年"，应是他第一次出仕江州祭酒后辞官时所作。这其实是陶渊明的人生宣言，既解释了自己辞官归隐的原因，又赞颂了闲适的田园生活。

少无适俗韵①，性本爱丘山。

误落尘网②中，一去三十年。

羁鸟③恋旧林，池鱼思故渊④。

开荒南野际，守拙⑤归园田。

方宅十余亩，草屋八九间。

榆柳荫⑥后檐，桃李罗⑦堂前。

---

①适俗韵：适应俗世的气质性格。韵，气质、性格。　②尘网：指为官的仕途。　③羁（jī）鸟：被束缚的鸟。　④故：原来的。渊：深潭。　⑤守拙：指归耕田园。　⑥荫（yìn）：动词，荫庇。　⑦罗：散布。

暧暧①远人村，依依②墟里烟。

狗吠深巷中，鸡鸣桑树巅。

户庭无尘杂，虚室③有余闲。

久在樊笼④里，复得返自然。

归园田居五首（其三）

这一首是对田园生活的具体描绘。我们从中可以看到田园生活并不全部是恬淡轻松的，也必须为收成奋斗。也可以就此说，陶渊明是真正融入田园生活，从事农业生产劳动的一位诗人。

种豆南山下，草盛豆苗稀。

晨兴理荒秽⑤，带月荷⑥锄归。

---

①暧暧（ài ài）：隐蔽的样子。　②依依：依稀可辨的样子。　③虚室：内心。　④樊笼：关鸟兽的笼子。这里比喻受束缚不自由的处境。　⑤兴：指起床。荒秽：指田里妨碍庄稼的野草。　⑥荷（hè）：扛着。

道狭草木长，夕露沾我衣。

衣沾不足惜，但使愿无违^①。

移居二首（其二）

陶渊明从彭泽令上辞官回家后，旧宅遭遇火灾，于是移居浔阳南村，写作了《移居二首》，这里选的是第二首。我们看到陶渊明在农事之余还饮酒赋诗、走亲访友，如此和谐、如此欢乐，又岂是拘束的官场生活可比的呢！

春秋多佳日，登高赋新诗。

过门更相呼，有酒斟酌^②之。

农务各自归，闲暇辄相思。

相思则披衣，言笑无厌^③时。

此理将不胜^④？无为忽去兹^⑤。

衣食当须纪^⑥，力耕不吾欺。

---

①这句的意思是：只要不违背自己的意愿就行了。但，只。　②斟酌：盛酒。　③厌：通"餍"，满足。
④此理：与邻居畅谈欢饮之乐。将：岂。不胜：不美。　⑤无为：不要。兹：这，代指上句"此理"。
⑥纪：经营。

饮酒二十首（其五）

陶渊明好饮酒，在中国文学史上大概只有阮籍、李白能与之比肩。酒之于中国古典文学，具有不可替代的作用。陶渊明开拓了其文学阐释空间，使它成为对抗现实、思考哲理的对象。因此，这首诗占据了极为重要的地位。

结庐在人境①，而无车马喧②。

问君何能尔③？心远地自偏。

采菊东篱下，悠然见南山④。

山气日夕⑤佳，飞鸟相与⑥还。

此中有真意，欲辨⑦已忘言。

---

①结庐：建造住宅。人境：人世间。　②车马喧：代指世俗交往的喧扰。　③君：指陶渊明自己。尔：这样，指代上两句。　④悠然：自得的样子。南山：指庐山。　⑤日夕：傍晚。　⑥相与：结伴，一起。　⑦辨：辨识。

杂诗十二首（其一）

这当是陶渊明晚年所作。全诗表达了时光易逝、及时行乐的思想，其中有无奈更有坦然。"落地为兄弟，何必骨肉亲"，在旷达中实际上暗暗挑战着世俗礼法，生命的焦虑对秩序有潜在的消融作用。

人生无根蒂，飘如陌①上尘。

分散逐风转，此已非常身②。

落地为兄弟，何必骨肉亲！

得欢当作乐，斗酒聚比邻③。

盛年不重来，一日难再晨。

及时当勉励，岁月不待人。

读《山海经》十三首（其一）

《山海经》是中国古代一部记载海内外奇异山川人物的著作，保留了许多古代神话。归隐生活既悠然自得，又孤独寂寞，因此光怪陆离的《山海经》成了作者神游四海、与古今天地结交的寄托。

孟夏④草木长，绕屋树扶疏⑤。

众鸟欣有托⑥，吾亦爱吾庐。

①陌：东西向的路，这里泛指道路。　②非常身：不是经久不变的身。　③斗（dǒu）：盛酒器。比邻：邻居。　④孟夏：初夏，指农历四月。　⑤扶疏：枝繁叶茂的样子。　⑥欣有托：高兴找到可以栖身的地方。

既耕亦已种，时还读我书。

穷巷隔深辙①，颇回故人车②。

欢然酌春酒，摘我园中蔬。

微雨从东来，好风与之俱。

泛览周王传③，流观山海图④。

俯仰⑤终宇宙，不乐复何如？

咏荆轲

"荆轲刺秦"是中国人耳熟能详的故事，这首诗并没有简单重复历史，而是精心编排，描绘了一位"知其不可而为之"的英雄形象。也许正因为其失败，更值得赞美。陶渊明大多数作品都给人平淡自然的印象，但这首作品慷慨激昂、壮怀激烈，由此或许可以窥见他的本心。

燕丹善养士，志在报强嬴。

招集百夫良⑥，岁暮得荆卿。

君子死知己⑦，提剑出燕京。

素骥⑧鸣广陌，慷慨送我行。

雄发指危冠，猛气冲长缨。

饮饯易水上，四座列群英。

①深辙：大车的车辙。古人以门外多深辙表示贵人来访频繁，这里"隔深辙"就意味着无贵人车来访。②回：调转。这里承接上句，意为不但没有贵人来访，连故友车子也掉头离去。　③周王传：指《穆天子传》。　④山海图：指《山海经》。　⑤俯仰：低头抬头之间，指时间很短。　⑥百夫良：超越百人的勇者。　⑦这句是说君子为知己者死。　⑧素骥：白色骏马。

渐离击悲筑①，宋意②唱高声。

萧萧哀风逝，淡淡寒波生。

商音③更流涕，羽奏④壮士惊。

心知去不归，且有后世名。

登车何时顾，飞盖⑤入秦庭。

凌厉越万里，逶迤⑥过千城。

图穷事自至，豪主正怔营⑦。

惜哉剑术疏，奇功遂不成。

其人虽已没，千载有余情。

游斜川诗序

这是陶渊明诗《游斜川》的自序，作于他五十岁游览庐山附近的斜川时。这篇短小的自序也是篇优美的写景散文，多用对偶，紧凑别致，又联想到了传说中的仙山，更令人神往。

辛酉岁正月五日，天气澄和⑧，风物闲美⑨。与二三邻曲⑩，同游斜川。临长流，望曾城⑪，鲂鲤跃鳞于将夕⑫，水鸥乘和⑬以翻飞。彼南阜⑭者，名实旧矣⑮，不复乃为嗟叹。若夫曾城，傍无依

①渐离：指高渐离，燕国人，与荆轲友善。筑：古代击弦乐器，类似筝，十三弦。　②宋意：燕国勇士。　③商音：古代中国音律分宫、商、角、徵（zhǐ）、羽五调，其中商调比较凄凉。　④羽奏：五调之一，比较激昂。　⑤飞盖：形容车行极快。　⑥逶迤（wēi yí）：曲折绵延，这里指路途遥远。　⑦豪主：指秦王嬴政。怔营：惊慌的样子。　⑧澄和：晴朗舒畅。　⑨风物：风光景物。闲美：娴静美丽。　⑩邻曲：邻居。　⑪曾（zēng）城：指郇山。　⑫将夕：傍晚。　⑬和：和风。　⑭南阜：指庐山。　⑮名实旧矣：意思是我早已熟悉庐山的美名和美景。

第三单元　陶渊明

53

接，独秀中皋①。遥想灵山②，有爱嘉名③。欣对不足④，率共⑤赋诗。悲日月之遂往，悼吾年之不留。各疏⑥年纪乡里，以记其时日。

五柳先生传（节选）

> 这是陶渊明写的自传，时人都把这篇文章当作陶渊明的实录：读书饮酒，乐在其中；家徒四壁，毫不为意。明末张岱曾说："人无癖不可与交，以其无深情也；人无痴不可与交，以其无真气也。"如此看来，陶渊明真可谓一往情深、元气淋漓了。

　　先生不知何许人也，亦不详其姓字，宅边有五柳树，因以为号焉⑦。闲静少言，不慕荣利。好读书，不求甚解⑧；每有会意，便欣然忘食。性嗜酒，家贫不能常得。亲旧知其如此，或置酒而招之；造⑨饮辄尽，期⑩在必醉。既醉而退，曾不吝情去留⑪。环堵萧然⑫，不蔽风日；短褐穿结⑬，箪瓢屡空，晏如⑭也。常著文章自娱，颇示己志。忘怀得失，以此自终⑮。

---

①中皋（gāo）：水边高地。　②灵山：指神话中昆仑山最高处的曾城，又叫层城。　③嘉名：美名。眼前之鄣山与神仙所居之曾城同名，爱彼而及此。　④欣对不足：意思是高兴地面对曾城山赏景，尚不足以尽兴。　⑤率共：一起。一本作"率尔"。　⑥疏：记。　⑦因：连词，于是。焉：句末语气词。　⑧不求甚解：意思是读书不拘泥于字句。　⑨造：往、到。　⑩期：希望。　⑪曾（zēng）：竟然。吝情：舍不得。去留：这里偏指离开。　⑫环堵：周围都是土墙，形容居室简陋。堵，墙壁。萧然：空寂的样子。　⑬短褐：粗布短衣。穿结：指衣服破破烂烂。　⑭晏如：安然自若的样子。　⑮自终：过完自己一生。

新编中华文化基础教材·第十二册

文史知识

一、陶渊明

陶渊明（365—427），字元亮，又说名潜，字渊明，浔阳柴桑（今江西九江）人，自号"五柳先生"，死后朋友们为其定私谥为"靖节"，故世称"靖节先生"。陶渊明的曾祖是东晋开国元勋陶侃，他出身于一个世代官宦的家族，先后担任过江州祭酒、建威参军、镇军参军、彭泽令等职务，但因个性与官场不合而时隐时仕，最终在四十一岁时辞去彭泽令后归隐田园，终身不仕。陶渊明开创了中国文学史上的"田园诗派"，对后世影响极大。但在当时，他并不特别为人所关注，昭明太子萧统为他作传，并在《文选》中为其留有一席之地，但并未视之为第一流诗人，主要欣赏的还是他的高洁之志。唐代田园诗派鼎盛，而他尚带有玄言诗风的作品并不特别受关注。真正高举陶渊明的，是北宋的苏轼。苏轼晚年倾心于陶诗，以至于全数唱和，从此奠定了陶渊明在文学史上不可动摇的地位。陶渊明被称为"古今隐逸诗人之宗"，有《陶渊明集》传世。

二、魏晋玄学

魏晋玄学是出现于魏晋时期的一种崇尚老庄的思潮，代表人物有何晏、王弼、阮籍、嵇康、郭象等。这里的"玄"并不是后世所谓"故弄玄虚"的意思，而是出自《老子》："玄之又玄，众妙之门。"王弼《老子指略》里也明确提出："玄，谓之深者也。"大致说来，魏晋玄学就是产生于魏晋时期的一种研究幽深玄远问题的学说，它吸收道家精神，以老庄思想为骨架来探讨宇宙人生的哲理，尤其是"本末有无"的问题。因此，魏晋玄学尤其推崇《周易》《老子》《庄子》三本经典，称之为"三玄"。魏晋玄学非常讲究修辞和有技巧的谈说论辩方式，崇尚清谈，特别推崇率直任诞、清俊通脱的行为风格，与"魏晋风度"关系极深，影响了整个魏晋南北朝时期的思想，当时的文学家、哲学家大多受其影响。

魏晋玄学的兴起与东汉末年儒家经学的衰微有关，但它并非要取代儒家经学，而是力图调和儒道两家。甚至佛教在兴盛前也一度依附于魏晋玄学。

三、山水田园诗

中国古典诗歌源远流长，在数千年的写作中逐渐涌现出一些固定的表现主题。山水田园诗就是其中最重要的题材之一，比如本单元的《归园田居五首》《移居二首》《饮酒二十首》就属于这一题材。

山水田园诗的主要特点有：内容上以表现自然风光、农村景物以及安逸恬淡的隐居生活为主；风格上大多恬静淡雅，语言清丽自然。

山水田园诗其实是唐代山水诗和田园诗合流以后的名称，两者原本各有区别。山水诗，顾名思义就是以描写山水风光为主，其开创者一般认为是南朝宋的著名诗人谢灵运，也就是著名的"大谢"。谢灵运极喜欢游山玩水，相传发明了便于登山的"谢公屐"，加上在政治上不得志，于是大力描写山水风光。田园诗则主要歌咏庄园中田园牧歌式的生活，笔下多出现农村景物和农民、牧人、渔父等的劳动，其开创者正是东晋的陶渊明。他的诗歌描绘了田园生活的简单质朴，情真意切而充满趣味，令人神往；又用一种自然平淡的语言娓娓道来，没有华丽的辞藻却有一种动人的力量，就像一壶清茶一样越久越甘，令人回味。在后世的创作中，山水田园诗在意象描绘、感情寄托等方面具有一致性，加上经过南朝、初唐诗风的影响，其合流就成为一种必然的趋势了。

由于山水田园诗大多表现自然风光或农村生活的淳朴美好，因此吸引了许多隐士和退休的官员，官员在政治失意时也会寄情山水或务农来排解心中苦闷。在中国文学史上，这几乎已经成为一种传统。因此，山水田园诗历史悠久、成就突出，历代皆不乏高手名作，尤其在盛唐时更是与边塞诗并立为诗坛双峰，涌现出了孟浩然、王维这样的杰出诗人。

思考与练习

一 背一背、默一默

1. 暧暧远人村，_____。
2. _____，鸡鸣桑树颠。
3. 晨兴理荒秽，_____。
4. 春秋多佳日，_____。
5. 相思则披衣，_____。
6. _____，而无车马喧。
7. 采菊东篱下，_____。
8. _____，飘如陌上尘。
9. 落地为兄弟，_____。
10. 孟夏草木长，_____。
11. _____，摘我园中蔬。
12. 天气澄和，_____。
13. 造饮辄尽，_____。
14. 好读书，不求甚解；_____，_____。
15. 陶渊明，字_____，自号_____，私谥_____，_____时期_____派诗人，被称为_____。
16.《归园田居五首（其一）》中用比喻手法表现对离开官场的欣喜之情的两句：_____，_____。
17.《归园田居五首（其三）》中希望自己隐居的志向得到保全的两句：_____，_____。
18.《移居二首（其二）》中表达要经营生活、认真耕耘的两句：_____，_____。
19.《饮酒二十首（其五）》中描写傍晚景色的两句：_____，_____。
20.《饮酒二十首（其五）》中表现已经领会自然哲理却说不出的两句：_____，_____。
21.《杂诗十二首（其一）》中感叹时光一去不复还的两句：_____，_____。
22.《读〈山海经〉十三首（其一）》中描写自己隐居无人打扰的两句：_____，_____。

23.《读〈山海经〉十三首（其一）》中描写自己所读书目的两句：_____
_____，_____。

24.《游斜川诗序》中感叹时光一去不复还的两句：_____，____
_____。

25.《五柳先生传》中交代取名原因的两句：_____，____
_____。

二 比一比、赛一赛

1. 开一个"赛诗会"，和小伙伴们比一比，看看谁背的陶渊明的诗文更多。

2. 把《五柳先生传》翻译成白话文，和小伙伴们比一比，看看谁的翻译最流畅。

3. 把《咏荆轲》改编成剧本，和小伙伴们一起演出，看看谁的表演更精彩。

4. 除了陶渊明外，你还知道中国文学史上其他隐士和他们的故事吗？比一比看谁知道的更多。

三 探究

1. 模仿我们学过的《史记》体例，为陶渊明写个小传吧！

2. 收集后代文人对陶渊明的评价，选出你认为最懂陶渊明的一段。

3. 很多植物因为得到名人的垂青而名声大噪，你知道和陶渊明并提的是哪种植物？能不能找到相关的诗句呢？

4. 为什么中国古代有这么多隐士呢？他们隐居的原因可能有哪些？

四 我来配插画

拿出你的画笔，在本单元的诗歌中任选一首（或一句），把它的诗意画下来。

第四单元

光怪陆离的世界
——六朝志怪小说

单元导读

　　你喜欢《哈利·波特》系列小说吗？那个霍格沃茨魔法学校的毕业生风靡了全世界。但你可能不知道，早在一千七百年前，我们的先辈们就已经拥有了属于自己的奇幻天地。你看，豆子在法术的操控下竟然变成了红衣人[①]；都说人怕鬼，可有人能杀鬼，还有人更绝，居然拿鬼卖钱[②]；火星上居然有人，而且还是个两眼放光的小孩[③]！

　　是不是妙趣横生、匪夷所思？这就是魏晋南北朝时期的志怪小说。

　　"小说"最早是先秦时期"九流十家"之一，那时的小说家还不是作家，而是采集民间的传说议论的人士，他们把街谈巷议汇总以供天子了解世态民风，成语"稗官野史"指的就是这种情形。从这时起，小说就已经包含了记录琐事和异闻的要素。

　　中国自古就是一个极具想象力和创造力的国度，拥有自己独特的创世神话以及丰富的民间传说。在这之中，鬼神信仰、山川祭祀和祖先祭祀特别受到重视，盘古开天地、神农尝百草、女娲造人、大禹治水的故事家喻户晓。到了魏晋南北朝，从印度传入的佛教和本土产生的道教日渐兴盛，佛教的因果报应、道教的长生不老更是给处于战乱的人们带来了安慰和希望。

　　受这些因素的影响，志怪小说出现了。志怪，也就是记录怪事的意思，包括妖魔鬼怪、特殊物产、佛法灵异、神仙方术等等。有些其实是对时事的曲折反映；有些则反映了人们对幸福生活的向往，尤其是渴望长寿、富裕、公正；有些记录了其它民族的起源神话和风土人情；最多的则是对自然现象的解释。当时人们对自然的认识还

①见《搜神记·卷三·郭璞撒豆成兵》。　　②分别见《搜神记·卷十八·宋大贤杀鬼》《搜神记·卷十六·宋定伯卖鬼》。　　③见《搜神记·卷八·星外来客》。

很有限，对很多现象都无法解释，但人总是好奇，总是渴望知道背后的原因，于是就借助想象来让种种怪事合理。比如，为什么好好的陆地会突然变成汪洋？在没有地质学①的年代，人们就能大胆想象为是蛇、鱼等生物在发威；为什么它们会发威？因为它们也有情感，要报恩或报仇——你看，一篇典型的志怪小说就这么产生了。

在魏晋南北朝出现的志怪小说中，最杰出的要数东晋史学家干宝的《搜神记》了。志怪小说普遍篇幅短小、故事紧凑，想象大胆，从中可以感受到古人的喜怒哀乐。本单元从《搜神记》中挑选了十二则故事分成善恶有报、神仙精怪、神仙法术、异族风情四类编排，勾勒出《搜神记》和志怪小说的全貌。本单元选文原文据汪绍楹校注之《搜神记》（中华书局1979年版）。

---

① 地质学是研究地球的起源、历史和结构的学科。

选文部分

董永与织女

董永和七仙女的故事家喻户晓，传统戏曲之一的黄梅戏更有一出据此改编的名剧《天仙配》。这则故事充分体现了"善有善报"的思想。

汉董永，千乘①人。少偏孤②，与父居，肆力田亩，鹿车③载自随。父亡，无以葬，乃自卖为奴，以供丧事。主人知其贤，与钱一万，遣之。永行，三年丧毕，欲还主人，供其奴职④。道逢一妇人曰："愿为子妻。"遂与之俱。主人谓永曰："以钱与君矣。"永曰："蒙君之惠，父丧收藏，永虽小人⑤，必欲服勤致力，以报厚德。"主曰："妇人何能？"永曰："能织。"主曰："必尔者⑥，但令君妇为我织缣百疋⑦。"于是永妻为主人家织，十日而毕。女出门，谓永

---

①千乘：地名，在今山东高青。　②偏孤：这里指丧母。　③鹿车：一种小车，只能装下一头鹿，故名。　④供其奴职：担任奴仆的职责。　⑤小人：这里是指地位低下的人。　⑥必尔者：如果这样的话。　⑦缣（jiān）：双丝细绢。疋（pǐ）：通"匹"。

曰："我，天之织女也。缘①君至孝，天帝令我助君偿债耳。"语毕，凌空而去，不知所在。

蚁王报恩

这一篇将报恩和妖精结合在一起，既体现了善有善报的思想，又赋予了妖精人情味儿，非常生动。值得注意的是，蚂蚁报恩的故事许多民族都有，比较其不同、探索其渊源是很有意思的。

吴富阳②县董昭之，尝乘船过钱塘江，中央，见有一蚁，着一短芦③，走一头回，复向一头，甚惶遽④。昭之曰："此畏死也。"欲取着船。船中人骂："此是毒螫物⑤，不可长⑥，我当蹹杀之。"昭意甚怜此蚁，因以绳系芦，着船，船至岸，蚁得出。其夜，梦一人，乌衣，从百许人来，谢云："仆是蚁中之王，不慎堕江，惭君济活，若有急难，当见告语⑦。"历十余年，时所在劫盗，昭之被横录⑧为劫主，系狱余杭⑨。昭之忽思："蚁王梦，缓急当告，今何处告之？"结念⑩之际，同被禁者问之，昭之具⑪以实告。其人曰："但取两三蚁着掌中，语之。"昭之如其言。夜，果梦乌衣人云："可急投余杭山中，天下既乱，赦令不久也。"于是便觉⑫。蚁啮械已尽，因得出狱。过江，投余杭山。旋遇赦，得免。

---

①缘：因为。　②富阳：地名，今浙江富阳。　③着（zhuó）：依附。芦：芦苇。　④这句的意思是：爬到一头，又爬到另一头，很惊慌害怕。惶遽，恐惧慌张。　⑤毒螫（shì）物：指毒虫。　⑥长：助长，这里指救治。　⑦当见告语：可以告诉我。　⑧横录：被诬陷。　⑨系狱：关在牢中。余杭：地名，今浙江杭州。　⑩结念：念念不忘。　⑪具：详细地。　⑫觉（jué）：醒来。

怒特祠

　　这则《怒特祠》散发着一种毫无畏惧的奋斗精神。尽管人有局限，但是那种开拓和征服的精神却强劲无比。我们现在知道，人定胜天是片面的，但秦国要扫灭六国，没有这种精神是难以完成的。

　　秦时，武都①故道有怒特②祠，祠上生梓树③。秦文公二十七年，使人伐之，辄有大风雨，树创随合④，经日不断。文公乃益发卒，持斧者至四十人，犹不断。士疲，还息；其一人伤足，不能行，卧树下，闻鬼语树神曰："劳乎攻战⑤？"其一人曰："何足为劳！"又曰："秦公将必不休，如之何？"答曰："秦公其如予何？"又曰："秦若使三百人，被发，以朱丝绕树，赭衣灰坌⑥伐汝，汝得不困耶？"神寂无言。明日，病人语所闻。公于是令人皆衣赭，随斫创，坌以灰，树断。中有一青牛出，走入丰水中。其后，青牛出丰水中，使骑击之，不胜；有骑堕地，复上，髻解，被发，牛畏之，乃入水，不敢出。故秦自是置"旄头骑"⑦。

①武都：地名，在今甘肃武都。　②特：公牛。　③梓树：一种木质轻软的树，易于砍伐。　④树创随合：树被砍的口子随即合上。　⑤劳乎攻战：这是"攻战劳乎"的倒装，战斗劳累了吧？　⑥赭（zhě）衣灰坌（bèn）：穿着赤褐色的衣服，撒灰尘。坌，撒（灰）。　⑦旄头骑：古代帝王出宫时，武士披发前驱者。

宋定伯卖鬼

这是一则非常著名的故事。在人们的印象中，鬼都是青面獠牙、阴森可怕的，但这里却写了一个单纯的鬼，不但没有害人之心，而且轻易相信人类，结果反被戏耍。其戏剧性反倒使宋定伯的形象有些难以捉摸了。

南阳①宋定伯，年少时，夜行，逢鬼，问之。鬼言："我是鬼。"鬼问："汝复②谁？"定伯诳之，言："我亦鬼。"鬼问："欲至何所？"答曰："欲至宛③市。"鬼言："我亦欲至宛市。"遂行。数里，鬼言："步行太迟，

可共递相担④，何如？"定伯曰："大善。"鬼便先担定伯数里。鬼言："卿太重，将⑤非鬼也。"定伯言："我新鬼，故身重耳。"定伯因复担鬼，鬼略无⑥重。如是再三，定伯复言："我新鬼，不知有何所畏忌？"鬼答言："惟不喜人唾。"于是共行。道遇水，定伯令鬼先渡，听之，了然无声音。定伯自渡，漕灌⑦作声。鬼复言："何以有

①南阳：地名，在今河南南阳。　②复：又（是）。　③宛（yuān）：地名，也在今河南南阳。　④共递相担：互相替换背对方。　⑤将：大概。　⑥略无：一点也不。　⑦漕灌（cáo cuī）：模拟人过河的声音。

声？"定伯曰："新死，不习渡水故耳。勿怪吾也。"行欲至宛市，定伯便担鬼，着①肩上，急执之。鬼大呼，声咋咋②然，索③下，不复听之。径至宛市中，下着地，化为一羊，便卖之，恐其变化，唾之，得钱千五百，乃去。当时石崇④有言："定伯卖鬼，得钱千五。"

刘伯祖待狸神

童年时有没有听过狐狸精的传说？还记得传说中狐狸精的形象吗？实际上，《搜神记》正是文学中记载狐狸精的源头。不过，与清朝蒲松龄《聊斋志异》中大多以美女妖怪出现的狐狸精不同，这一则记载了一个贪吃体谅的狸神，非常有意思。

博陵⑤刘伯祖为河东⑥太守，所止承尘⑦上有神，能语，常呼伯祖与语，及京师诏书诰下消息，辄预告伯祖⑧。伯祖问其所食啖，欲得羊肝。乃买羊肝，于前切之，脔⑨随刀不见，尽两羊肝。忽有一老狸，眇眇⑩在案前，持刀者欲举刀斫之，伯祖呵止，自着承尘上。须臾大笑曰："向者啖羊肝，醉，忽失形，与府君⑪相见。大惭愧。"后伯祖当为司隶⑫，神复先语伯祖曰："某月某日，诏书当到。"至期，如言。及入司隶府，神随遂在承尘上，辄言省内⑬事。伯祖大恐怖，谓神曰："今职在刺举，若左右贵人闻神在此，因以

①着（zhuó）：安放。　②咋咋（zé zé）：这里是形容鬼叫喊的声音。　③索：索求，这里指要求。
④石崇：西晋大臣，以豪富著称。　⑤博陵：地名，在今河北安平。　⑥河东：地名，在今山西永济。　⑦所止：所居住的地方。承尘：天花板。　⑧辄：总是。预：预先。　⑨脔（luán）：切成块状的肉。　⑩眇（miǎo）眇：模糊不清、隐隐约约。　⑪府君：汉代对郡相、太守的尊称。
⑫司隶：古代官职，纠察京师百官和附近各郡，相当于刺史。　⑬省内：指皇宫禁地。

相害^①。"神答曰："诚如府君所虑，当相舍去。"遂即无声。

老狸诣董仲舒

　　这是另一个狐狸精。董仲舒是西汉儒学大师，能拜访他，想来是好学的；被董仲舒戳穿了身世就马上现出原形，想来是老实的。你看看，这是多可爱啊！

　　董仲舒下帷^②讲诵，有客来诣^③，舒知其非常^④。客又云："欲雨。"舒戏之曰："巢居知风，穴居知雨。卿非狐狸，则是鼷鼠^⑤。"客遂化为老狸。

---

①因以相害：于是加害于我。　②下帷：放下室内悬挂的帷幕，指教书。　③诣（yì）：拜访。　④非常：这里指并非常人。　⑤鼷（xī）鼠：一种小鼠。

细 腰

古往今来，一夜暴富的事情屡见不鲜，那么为什么会发生这样的事情呢？为什么有些人运气这么好呢？这一则就给出了解释，原来是金银铜钱成精的缘故！金银铜钱也能成精，有趣吧！

魏郡[1]张奋者，家本巨富，忽衰老财散，遂卖宅与程应。应入居，举家病疾，转卖邻人何文。文先独持大刀，暮入北堂中梁上，至三更竟，忽有一人，长丈余，高冠黄衣，升堂，呼曰："细腰！"细腰应喏。曰："舍中何以有生人气也？"答曰："无之。"便去。须臾，有一高冠青衣者，次之，又有高冠白衣者，问答并如前。及将曙，文乃下堂中，如向法[2]呼之，问曰："黄衣者为谁？"曰："金也。在堂西壁下。""青衣者为谁？"曰："钱也。在堂前井边五步。""白衣者为谁？"曰："银也。在墙东北角柱下。""汝复为谁？"曰："我，杵也。今在灶下。"及晓，文按次掘之：得金银五百斤，钱千万贯。仍取杵焚之。由此大富，宅遂清宁。

管辂[3]教颜超延命

长生不老是人类普遍的愿望，古今中外莫不如此，但在医学不发达的古代，人们无法理解其中奥秘。佛教说因果报应，人的寿命都是定好的；道教却声称有延寿之术。来，有请术士登场！

---

①魏郡：地名，在今河北磁县。　②向法：之前的办法。　③管辂（lù）：三国时魏人，精通《周易》，道术高明。

管辂至平原①，见颜超貌主②夭亡。颜父乃求辂延命。辂曰："子归，觅清酒一杯，鹿脯一斤，卯日③，刈④麦地南大桑树下，有二人围棋次，但酌酒置脯，饮尽更斟，以尽为度⑤。若问汝，汝但拜之，勿言。必合⑥有人救汝。"颜依言而往，果见二人围棋，颜置脯斟酒于前。其人贪戏，但饮酒食脯，不顾⑦。数巡，北边坐者忽见颜在，叱曰："何故在此？"颜唯拜之。南面坐者语曰："适来饮他酒脯，宁无情乎⑧？"北坐者曰："文书已定。"南坐者曰："借文书看之。"见超寿止可十九岁，乃取笔挑上语曰："救汝至九十年活。"颜拜而回。管语颜曰："大助子⑨，且喜得增寿。北边坐人是北斗，南边坐人是南斗。南斗注⑩生，北斗注死。凡人受胎，皆从南斗过北斗；所有祈求，皆向北斗。"

千日酒

文人好酒，这是中国文学史上的一个惯例。另一方面，中国也盛产好酒，不过，有一种酒似乎没有流传下来，这就是《搜神记》里记载的"千日酒"。但再仔细想想，为什么当时的人们期待这样的酒呢？

狄希，中山⑪人也，能造千日酒，饮之千日醉。时有州人，姓刘，名玄石，好饮酒，往求之。希曰："我酒发来未定⑫，不敢饮

---

①平原：地名，在今山东平原。 ②主：预示。 ③卯日：古人以干支纪日，逢卯的那一天就是卯日。 ④刈（yì）：割。 ⑤以尽为度：到吃完肉喝完酒为止。 ⑥合：应该。 ⑦不顾：不回头，这里指二人专心下棋，没看见颜超。 ⑧宁无情乎：难道没有一点人情吗？ ⑨大助子：大大帮助了你。 ⑩注：指命运预先决定。 ⑪中山：古国名，在今河北定县。 ⑫发来未定：刚发酵，酒性未定。

君。"石曰："纵未熟，且与一杯，得否？"希闻此语，不免，饮之。复索，曰："美哉！可更与之。"希曰："且归，别日当来。只此一杯，可眠千日也。"石别，似有怍色①。至家，醉死。家人不之疑，哭而葬之。经三年，希曰："玄石必应酒醒，宜往问之。"既往石家，语曰："石在家否？"家人皆怪之曰："玄石亡来，服以阕②矣。"希惊曰："酒之美矣，而致醉眠千日，今合醒矣。"乃命其家人凿冢，破棺，看之。冢上汗气彻天。遂命发冢。方见开目张口，引声③而言曰："快哉，醉我也！"因问希曰："尔作何物也？令我一杯大醉，今日方醒，日高几许？"墓上人皆笑之。被石酒气冲入鼻中，亦各醉卧三月。

①怍色：这里指脸色变红。　②服以阕：指丧期已满，丧服已脱。阕，终了。以，通"已"。　③引声：指拉长声音。

焦尾琴

你知道中国古代"四大名琴"吗？它们是齐桓公的"号钟"、楚庄王的"绕梁"、司马相如的"绿绮"和蔡邕（yōng）的"焦尾"。这一篇就介绍了焦尾琴的来历。蔡邕也非同小可，他是东汉著名文学家、音乐家，他的女儿就是"文姬归汉"的蔡琰（yǎn），"建安七子"中的阮瑀是他的学生。

　　汉灵帝时，陈留①蔡邕，以数上书陈奏，忤上②旨意，又内宠③恶之，虑不免，乃亡命江海，远迹吴会④。至吴，吴人有烧桐以爨⑤者，邕闻火烈声，曰："此良材也。"因请之⑥，削以为琴，果有美音。而其尾焦，因名"焦尾琴"。

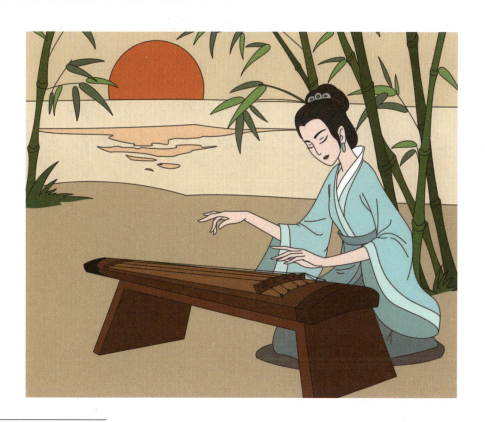

---

①陈留：地名，在今河南杞县。　②忤：违背。上：指汉灵帝。　③内宠：指宫廷里受宠的宦官。
④吴：吴郡。会（kuài）：会稽郡。这里泛指今江南一带。　⑤爨（cuàn）：生火做饭。　⑥因请之：
于是请求要那块桐木。

落头民

一般来说，我们身体部位是不能离开身体的，但如果可以呢？这则就是记载传说中身怀绝技的落头民的，他们的脑袋居然可以和身体分离、用耳朵当翅膀飞翔！更有意思的是他们还漂洋过海，被我国东邻日本收入自己的民间传说，成为"百鬼夜行"之一。《封神演义》中申公豹也有此神技。

　　秦时，南方有落头民，其头能飞。其种人部有祭祀，号曰"虫落"，故因取名焉。吴时，将军朱桓得一婢，每夜卧后，头辄飞去。或从狗窦①，或从天窗中出入，以耳为翼。将晓，复还。数数②如此，傍人怪之，夜中照视，唯有身无头，其体微冷，气息裁属③。乃蒙之以被。至晓，头还，碍被不得安④，两三度堕地，噫咤⑤甚愁，体气甚急，状若将死。乃去被，头复起傅⑥颈。有顷，和平⑦。桓以为大怪，畏不敢畜，乃放遣之。既而详之⑧，乃知天性也。时南征大将，亦往往得之。又尝有覆以铜盘者，头不得进，遂死。

①狗窦：狗洞。　②数数（shuò shuò）：常常。　③气息裁属：呼吸勉强接得上。　④碍被不得安：被被子阻隔而连不上身体。　⑤噫咤（zhà）：发出着急的声音。　⑥傅：通"附"。　⑦和平：指气息舒畅。　⑧详之：仔细了解。

夫余王

夫余是古代东北的少数民族，今天朝鲜族的先祖。这一则记载了夫余第一代领袖东明的传奇事迹。实际上，根据傅斯年先生考证，吞食鸟卵而生神子是东北诸民族以及商朝先祖共同的始祖神话。

槀离①国王侍婢有娠②，王欲杀之。婢曰："有气如鸡子③，从天来下，故我有娠。"后生子，捐④之猪圈中，猪以喙嘘之⑤；徙至马枥⑥中，马复以气嘘之，故得不死。王疑以为天子也，乃令其母收畜之，名曰东明。常令牧马。东明善射，王恐其夺己国也，欲杀之。东明走，南至掩施水⑦，以弓击水，鱼鳖浮为桥，东明得渡。鱼鳖解散，追兵不得渡。因都王夫余⑧。

---

①槀离：东北古国名。　②娠：怀孕。　③鸡子：鸡蛋。　④捐：抛弃。　⑤喙（huì）：鸟兽的嘴。嘘：呼气保护。　⑥马枥（lì）：马槽。　⑦掩施水：即今天的浑江。　⑧都：建立都城。王：称王。

文史知识

一、九流十家

我们常说"三教九流"，并用它指各色人等。那么它到底指什么呢？其实三教九流和九流十家密不可分。所谓三教，指的是佛教、道教和儒教（因为儒家在古代也被视为一种宗教）；所谓九流则是先秦至汉初学术思想派别的总称。西汉刘歆在其《七略·诸子略》中把诸子学派分为十家：儒、道、阴阳、法、名、墨、纵横、杂、农、小说，又因为他认为十家中"其可观者九家而已"而把小说家排除，所以称为九流。

二、《搜神记》

《搜神记》是东晋史学家干宝编撰的一部记录古代民间传说中神奇怪异故事的小说集，是魏晋志怪小说的代表。虽然《搜神记》篇目大多短小，描写也较简单，但具有丰富的想象力和创造性，对后来小说的发展影响很大。作者干宝（？—336），字令升，晋元帝时担任佐著作郎编修国史。

三、经史子集

中国古代把各类图书按照内容分为四大类，分别是经部，包括儒家经典著作；史部，即史书；子部，包括诸子百家著作；集部，包括各类文集、诗词汇编。四大类之下还有小类。这种分类法正式确立于《隋书·经籍志》。中国古代著名丛书如《四库全书》《四部丛刊》中的四库、四部就是指经史子集四部，后来也泛指我国古代典籍。

四、干支纪日

干支就是天干、地支的简称。十天干是甲、乙、丙、丁、戊、己、庚、辛、壬、癸，十二地支是子、丑、寅、卯、辰、巳、午、未、申、酉、戌、亥。把十天干和十二地支依次相配就可以产生一组六十个不重复的单位用来计数，在古代被应用于记录日期，每一个干支单位代表一天，顺序排列，六十天后再重复。因为干支纪日的应用，我国从汉高祖元年（公元前206年）到现在的两千多年中的每一天都可以推算出，这是了不起的成就。干支还可以用来纪年，每一个干支单位代表一年，顺序排列，连续两个甲子年要相隔六十年，因此被称作"六十一甲子"，这也是成语"年过花甲"指六十岁的由来。

甲子 1	乙丑 2	丙寅 3	丁卯 4	戊辰 5	己巳 6	庚午 7	辛未 8	壬申 9	癸酉 10
甲戌 11	乙亥 12	丙子 13	丁丑 14	戊寅 15	己卯 16	庚辰 17	辛巳 18	壬午 19	癸未 20
甲申 21	乙酉 22	丙戌 23	丁亥 24	戊子 25	己丑 26	庚寅 27	辛卯 28	壬辰 29	癸巳 30
甲午 31	乙未 32	丙申 33	丁酉 34	戊戌 35	己亥 36	庚子 37	辛丑 38	壬寅 39	癸卯 40
甲辰 41	乙巳 42	丙午 43	丁未 44	戊申 45	己酉 46	庚戌 47	辛亥 48	壬子 49	癸丑 50
甲寅 51	乙卯 52	丙辰 53	丁巳 54	戊午 55	己未 56	庚申 57	辛酉 58	壬戌 59	癸亥 60

思考与练习

一 背一背、练一练

1. 干宝，字_____，_____时代_____家，志怪小说_____是其代表作。

2. 董仲舒，西汉大儒，他提出_____的主张，经_____的提倡而成为中国社会的正统思想。

3. 请默写"九流十家"中的十家：_____

4. 请依次序默写十天干名称：_____

5. 请依次序默写十二地支名称：_____

6. 请任意写出三个天干地支相配的组合：_____、_____、_____

7. 按照古代图书分类法，请写出下列各书所属类别：

《诗经》：_____《墨子》：_____《史记》：_____《楚辞》：_____

8. 干支相配一共会产生_____个不重复的单位，人们用它们记录日期、年岁被分别叫做_____、_____。

二 比一比、赛一赛

1. 中国古代一直极为重视孝，除了"二十四孝"故事外，"百善孝当先"的说法也流传很广。你还能找到其他宣传孝的文学文化作品吗？和你的小伙伴比一比，看谁找的多、找的好。

2. 请在十二则故事中任选一则，加以适当扩充，改编成剧本组队排演，看看哪一组剧本改得最生动、表演得最精彩。

三 探究

1. 民间传说中除了董永织女的故事，还有牛郎织女的故事，请比较一下他们的异同，并从源头、传播、变化方面入手完成研究报告。

2. 在现代社会我们还需要孝吗？以此为题组织一场辩论会吧！

第五单元

福泽子孙的传统
——《颜氏家训》

单元导读

　　大家知道唐代大书法家颜真卿吗？他是中国历史上著名的楷书四大家之一。可你知道吗？他还是一位爱国名臣，当安禄山发动叛乱时，黄河以北二十三郡都失守了，唯独他在平原郡①起兵抗敌，保住了山河。七十七岁时，面对威逼自己投降的李希烈，他威武不屈，壮烈牺牲。

　　你更不知道的，是颜真卿还有一位一样爱国一样刚烈的从兄②颜杲（gǎo）卿：安禄山曾提拔他为常山太守，对他有恩，但他不为所动，毅然和从弟起兵，最后被俘杀害，临刑前仍大骂安禄山不止。与他一起被害的是他的幼子颜季明。叛乱平定后，颜真卿找到了他们残存的尸骨，怀着悲愤的心情，写下了被誉为"天下第二行书"的《祭侄文稿》。

　　颜家可谓是一门忠烈，加上学问精深、人品出众，堪称士大夫的典范。然而还不止于此，他们的祖辈中还出过一位名人，即初唐著名学者颜师古，他为著名的《汉书》作了注释整理，是《汉书》功臣。

　　为什么颜家会如此人才辈出呢？这就不得不说到家庭教育的功劳了。要知道颜家有着一部无与伦比的家训，就是由颜真卿的五世祖颜之推撰写的被称为"古今家训之祖"的《颜氏家训》。

　　中国传统文化非常重视家庭观念，培养良好的家教家风一直是中国家庭教育的核心，民间一直有"道德传家，十代以上，耕读传家次之，诗书传家又次之，富贵传

①平原郡：地名，在今山东平原。　②从（zòng）兄：同曾祖父或祖父的哥哥。

家，不过三代"的说法。另一方面，《孟子》提到过"君子之泽，五世而斩"，如果没有严格的家教家风，高门大族也会衰落。东晋以来，王谢这些门阀士族都曾显赫一时，以琅琊王氏为例，王导在世时如日中天，号称"王与马共天下"，但王导之后，子弟耽于清谈，孱弱无能，最终成为"旧时王谢堂前燕，飞入寻常百姓家"的模糊背景。颜之推生长于南朝，后来又不得不出仕北朝，一生颇为动荡，感慨很深。为了训诫子孙安身立命，他总结自己的人生经验，写成了《颜氏家训》这部书。

《颜氏家训》共二十篇，内容广泛，既包括为人处世之道，又对文学艺术、典章制度、养身之道有所议论，体现了颜之推广博的学识和精到的见解。《颜氏家训》语言雅致、用典颇多，读来不易，因此本单元从其中的第八篇《勉学》、第九篇《文章》和第十篇《名实》中精选片段并加注解，来帮助大家领略《颜氏家训》的魅力。本单元选文原文据王利器撰《颜氏家训集解》（中华书局1993年版）。

选文部分

勉学第八（节选）

勉学就是勉励学习的意思，古往今来谈学习的文章成千上百，颜之推这一篇把重点放在学习使人自立的意义和唯有勤奋刻苦的方法上，影响极大，堪称典范。

人生在世，会当①有业：农民则计量耕稼，商贾则讨论货贿②，工巧则致精器用③，伎艺则沉思法术④，武夫则惯习弓马，文士则讲议经书。多见士大夫耻涉农商，差务工伎⑤，射则不能穿札⑥，笔则才记姓名，饱食醉酒，忽忽⑦无事，以此销日，以此终年。或因家世余绪⑧，得一阶半级⑨，便自为足，全忘修学；及有吉凶大事，议论得失，蒙然⑩张口，如坐云雾；公私宴集，谈古赋诗，塞

①会当：应该、必须。　②商贾：商人，古代商指行商，贾指坐商。讨论：这里指讲究、追求。货贿：这里指生意。　③工巧：技艺精巧的工匠。致精器用：精心制作器皿。　④伎艺：艺人。法术：这里指方法技术。　⑤差务工伎：缺乏手工艺术方面的本领。　⑥札：铠甲上的铁片。　⑦忽忽：迷迷糊糊。　⑧或：有人。因：沿袭，家世。余绪：这里指祖上的余恩。　⑨一阶半级：一官半职。　⑩蒙然：茫然的样子。

默①低头，欠伸②而已。有识旁观，代其入地③。何惜数年勤学，长受一生愧辱哉！

……

夫明《六经》之指④，涉百家之书，纵不能增益德行，敦厉⑤风俗，犹为

一艺，得以自资⑥。父兄不可常依，乡国不可常保，一旦流离，无人庇荫⑦，当自求诸身耳。谚曰："积财千万，不如薄伎在身。"伎之易习而可贵者，无过读书也。世人不问愚智，皆欲识人之多，见事之广，而不肯读书，是犹求饱而懒营馔⑧，欲暖而惰裁衣也。夫读书之人，自羲、农已来，宇宙之下，凡⑨识几人，凡见几事，生民之成败好恶固不足论，天地所不能藏，鬼神所不能隐也⑩。

……

夫学者，所以求益耳⑪。见人读数十卷书，便自高大，凌忽⑫长者，轻慢同列⑬；人疾之如仇敌，恶之如鸱枭⑭。如此以学自损⑮，不如无学也。古之学者为己，以补不足也；今之学者为人，但能说之⑯也。古之学者为人，行道以利世⑰也；今之学者为己，修身以求

①塞默：像塞住了嘴巴不敢发声。　②欠伸：打哈欠、伸懒腰。　③这两句话的意思是：有见识的旁观者恨不得代他钻到地下去。　④指：宗旨。　⑤敦厉：勉励。　⑥自资：自给自足。　⑦庇荫：庇护、保护。　⑧营馔：指做饭。营，谋求。馔，精美饮食。　⑨凡：总共。　⑩天地所不能藏，鬼神所不能隐：天地鬼神之事都隐瞒不过他们。　⑪这两句话的意思是：学习是为了追求收获的。　⑫凌忽：轻视。　⑬轻慢：对人不尊重，态度傲慢。同列：地位相同的人。　⑭鸱枭（chī xiāo）：即猫头鹰，这里比喻贪恶小人。　⑮自损：损害自己。　⑯说之：指夸夸其谈。　⑰行道以利世：推行自己的见解来造福当世。

进也。夫学者犹种树也，春玩其华，秋登①其实；讲论文章，春华也，修身利行，秋实也。

人生小幼，精神专利②，长成已后，思虑散逸，固须早教，勿失机也。吾七岁时，诵《灵光殿赋》③，至于今日，十年一理④，犹不遗忘；二十之外，所诵经书，一月废置，便至荒芜矣。然人有坎壈⑤，失于盛年，犹当晚学，不可自弃。孔子云："五十以学《易》，可以无大过矣。"魏武、袁遗⑥，老而弥笃，此皆少学而至老不倦也。曾子七十乃学，名闻天下；荀卿五十，始来游学，犹为硕儒；公孙弘⑦四十余，方读《春秋》，以此遂登丞相；朱云⑧亦四十，始学《易》《论语》；皇甫谧⑨二十，始受《孝经》《论语》，皆终成大儒，此并早迷而晚寤⑩也。

……

梁元帝⑪尝为吾说："昔在会稽，年始十二，便已好学。时又患疥⑫，手不得拳，膝不得屈。闲斋张葛帏避蝇独坐⑬，银瓯贮山阴⑭

---

①登：收获。　②专利：专注敏锐。　③《灵光殿赋》：东汉文学家王延寿所作宫殿类大赋。
④十年一理：十年温习一遍。理，温习。　⑤坎壈（lǎn）：坎坷。　⑥魏武、袁遗：魏武即曹操，袁遗是袁绍从兄，字伯业。曹操曾说："长大而能勤学，惟吾与袁伯业耳。"　⑦公孙弘：西汉丞相，封平津候。　⑧朱云：字游，西汉时期鲁国人，年轻时好任侠，四十岁后转而钻研儒家经典，精通《易经》和《论语》。　⑨皇甫谧：字士安，二十岁前不喜学习，在叔母的劝说下才开始学习，成为精通各家学术的著名学者。　⑩寤：通"悟"，醒悟。　⑪梁元帝：即萧绎。　⑫疥（jiè）：疥疮。
⑬张：悬挂。葛帏：用葛布做的帷帐。　⑭山阴：地名，今浙江绍兴。

甜酒，时复进之①，以自宽痛②。率意③自读史书，一日二十卷，既未师受④，或不识一字，或不解一语，要自重⑤之，不知厌倦。"帝子之尊，童稚之逸⑥，尚能如此，况其庶士⑦，冀以自达⑧者哉？

古人勤学，有握锥投斧⑨，照雪聚萤⑩，锄则带经⑪，牧则编简⑫，亦为勤笃。梁世彭城刘绮⑬，交州刺史勃之孙⑭，早孤家贫，灯烛难办⑮，常买荻⑯，尺寸折之⑰，然⑱明夜读。孝元初出会稽⑲，精选寮案⑳，

绮以才华，为国常侍兼记室㉑，殊蒙礼遇，终于金紫光禄㉒。义阳㉓朱詹，世居江陵㉔，后出扬都㉕，好学，家贫无资，累日不爨㉖，乃时吞纸以实腹㉗。寒无毡被，抱犬而卧。犬亦饥虚，起行盗食，呼之不至，哀声动邻，犹不废业，卒成学士，官至镇南录事参军㉘，

①时复进之：不时喝甜酒。　②以自宽痛：来舒缓疼痛。　③率意：尽心尽意。　④师受：接受老师指导。　⑤自重：指严格要求自己。　⑥帝子之尊，童稚之逸：指梁元帝年轻时。　⑦其：那些。庶人：平民百姓。　⑧自达：自求显达。⑨握锥投斧：握锥指战国时纵横家苏秦"头悬梁锥刺股"的故事；投斧指西汉文党投斧求学的故事。　⑩照雪聚萤：照雪指西晋孙康映雪读书的故事，聚萤指东晋车胤囊萤照书的故事。　⑪锄则带经：指西汉倪宽带儒家经典锄地，利用休息时诵读的故事。　⑫牧则编简：指西汉路温舒牧羊时把水中蒲苇编起来书写的故事。　⑬梁世：指南朝梁代。彭城：地名，在今江苏徐州。　⑭交州：古州名，在今越南北部。刺史：古代官职，为州郡长官。　⑮办：置办、筹措。　⑯荻（dí）：一种水生植物，像芦苇。　⑰尺寸折之：意思是把荻分成短小的一段段。　⑱然：通"燃"，燃烧。　⑲孝元：即梁元帝萧绎。会（kuài）稽：地名，今浙江绍兴。　⑳寮案（liáo cǎi）：官员。　㉑国常侍兼记室：均为官职，前者随侍皇帝左右，后者负责表章书记。　㉒终于金紫光禄：最后官做到金紫光禄大夫。　㉓义阳：地名，今河南信阳。　㉔江陵：地名，在今湖北荆州。　㉕扬都：地名，在今江苏扬州。　㉖累日：好几天。爨：生火做饭。　㉗实腹：填饱肚子。　㉘镇南录事参军：镇南指萧绎，当时担任镇南将军，录事参军是其附属官员，掌管纠察。

为孝元所礼。此乃不可为之事，亦是勤学之一人。东莞①臧逢世，年二十余，欲读班固《汉书》，苦假借不久，乃就姊夫刘缓乞丐客刺书翰纸末②，手写一本，军府服其志尚，卒以《汉书》闻③。

齐有宦者内参田鹏鸾，本蛮④人也。年十四五，初为阍寺⑤，便知好学，怀袖握书，晓夕讽诵。所居卑末，使役苦辛⑥，时伺⑦间隙，周章询请⑧。每至文林馆⑨，气喘汗流，问书之外，不暇他语。及睹古人节义之事，未尝不感激沉吟久之。吾甚怜爱，倍加开奖。后被赏遇，赐名敬宣，位至侍中开府⑩。后主之奔青州⑪，遣其西出，参伺动静，为周军所获。问齐主何在，给⑫云："已去，计当出境。"疑其不信，欧捶⑬服之，每折一支⑭，辞色愈厉，竟断四体⑮而卒。蛮夷童丱⑯，犹能以学成忠，齐之将相，比敬宣之奴不若也⑰。

文章第九（节选）

刻苦学习之后最终是要以文学的形式表现出来的。颜之推认为文学创作是需要天分的，对其独创性十分推崇，也强调后天的修饰不可或缺，如此才能达到文质兼美。

①东莞：地名，本在今山东沂水，永嘉之乱后，大批北方人民迁居南方，就以北方原有地名来命名一些南方地区，叫做侨置州郡，东晋时的东莞在晋陵（今江苏常州）。　②乞丐：讨取。客刺书翰纸末：名片书信等零星纸片。客刺，名片。书翰，书信。　③以《汉书》闻：以研究《汉书》出名。　④蛮：古代对南方民族的称呼。　⑤阍（hūn）寺：太监。　⑥这两句话的意思是：田鹏鸾地位低下，工作辛苦。　⑦时伺：经常趁着。　⑧周章：反复。询请：询问请教。　⑨文林馆：北齐设立的官署，管理著作、整理典籍。　⑩侍中开府：高级官职，侍从皇帝左右。　⑪后主：指北齐后主高纬。青州：地名，今山东益都。　⑫给（dài）：欺骗。　⑬欧捶：殴打。　⑭支：通"肢"。　⑮四体：四肢。　⑯童丱（guàn）：古代儿童束的上翘的两只角辫。　⑰这两句话的意思是：当时北齐很多将相投降北周，还不如田鹏鸾忠诚。

学问有利钝，文章有巧拙。钝学累功，不妨精熟①；拙文研思，终归蚩鄙②。但成学士，自足为人③；必乏天才，勿强操笔④。吾见世人，至无才思，自谓清华⑤，流布⑥丑拙，亦以众矣，江南号为"诊痴符⑦"。近在并州⑧，有一士族，好为可笑诗赋，铫擎邢、魏诸公⑨，众共嘲弄，虚相赞说⑩，便击牛酾酒⑪，招延⑫声誉。其妻明鉴⑬妇人也，泣而谏之，此人叹曰："才华不为妻子所容，何况行路⑭！"至死不觉。自见之谓明，此诚难也。

学为⑮文章，先谋亲友⑯，得其评裁，知可施行，然后出手，慎勿师心自任⑰，取笑旁人也。自古执笔为文者，何可胜言⑱。然至于宏丽精华，不过数十篇耳。但使不失体裁⑲，辞意可观，便称才士。要须动俗盖世⑳，亦俟河之清㉑乎。

……

凡为文章，犹人乘骐骥㉒，虽有逸气㉓，当以衔勒㉔制之，勿使流乱轨躅㉕，放意填坑岸㉖也。文章当以理致㉗为心肾，气调㉘为筋骨，事义㉙为皮肤，华丽为冠冕。今世相承，趋末弃本㉚，率多浮

---

①这两句话的意思是：驽钝的人积累功夫，也可以变得精熟。　②这两句话的意思是：拙劣的人反复思考，还是难逃丑陋鄙陋。蚩，丑陋。　③这两句话的意思是：只要成为学者就足以成人。　④这两句话的意思是：如果缺乏天赋，不要强行写文章。必，如果。　⑤清华：清丽华美。　⑥流布：流传散布。　⑦诊（líng）痴符：古代称文拙而好刻书行世的人。诊，售卖。　⑧并（bīng）州：古州名，在今山西北部。　⑨铫擎（tiáo piē）：挑刺、嘲弄。邢、魏诸公：指邢邵、魏收，当时和温子升一起被称为"北魏三才"。　⑩虚相赞说：假意赞扬。　⑪击牛酾（shī）酒：杀牛摆酒宴。　⑫招延：求取。　⑬明鉴：明察。　⑭行路：路人。　⑮为（wéi）：写。　⑯先谋亲友：先向亲友商量。　⑰师心自任：意思是自以为是。　⑱何可胜（shēng）言：哪里说得完。胜，尽。　⑲体裁：这里是文章结构剪裁得体的意思。　⑳动俗盖世：指突破传统的作品。　㉑河之清：古人以为黄河千年一清，这里的意思是大概永远达不到。　㉒骐骥：骏马。　㉓逸气：超脱世俗的气概。　㉔衔勒：马嚼口和马络头。　㉕流乱：散乱。轨躅（zhú）：轨迹。　㉖填坑岸：掉进坑里，这里比喻才华若不受约束会出事故。　㉗理致：义理情致。　㉘气调：气韵才调。　㉙事义：典故。　㉚趋末弃本：这里的"末"指上文的事义、华丽，"本"指上文的理致、气调。

艳①。辞与理竞，辞胜而理伏②；事与才争，事繁而才损。放逸者流宕而忘归③，穿凿者补缀而不足④。时俗如此，安能独违？但务去泰去甚⑤耳。必有盛才重誉⑥、改革体裁者，实吾所希⑦。

古人之文，宏才逸气⑧，体度风格⑨，去今实远；但缉缀疏朴⑩，未为密致耳。今世音律谐靡⑪，章句偶对⑫，讳避⑬精详，贤于往昔多矣。宜以古之制裁⑭为本，今之辞调为末，并须两存，不可偏弃也。

名实第十（节选）

> 名声和实际的关系一向为儒家所看重，孔子就曾说过"必也正名乎"，名正言顺、名实相副一直是我们民族认可的做人准则。颜之推作为一代大儒，自然十分重视教育子女慎重对待名实。

名之与实，犹形之与影也。德艺周厚⑮，则名必善焉；容色姝丽，则影必美焉。今不修身而求令名⑯于世者，犹貌甚恶而责妍影⑰于镜也。上士忘名，中士立名，下士窃名。忘名者，体道合德⑱，

---

①率多浮艳：大多华而不实。率多，大多。浮艳，华而不实。　②辞胜而理伏：指言辞优美而义理薄弱。　③放逸者流宕（dàng）而忘归：意思是放纵才情的文章虽然流畅却失去了主旨。　④穿凿者补缀而不足：意思是对某一问题深究不放的文章，虽然材料丰富，但灵气不足。　⑤去泰去甚：去掉那些太过分的言辞或观点。泰，通"太"。　⑥盛才重誉：指富于才华、名声高贵者。　⑦实吾所希：实在是我所期望的。　⑧宏才逸气：宏富的才华和脱俗的气概。　⑨体度风格：格局格调。　⑩缉缀疏朴：指用词简略质朴。　⑪音律：文字声韵的规律。谐靡：和谐美妙。　⑫章句偶对：诗文章节对称。　⑬讳避：对音律、章句的要求。　⑭古之制裁：指古代文章的体制、结构。　⑮德艺周厚：道德才艺深厚。　⑯令名：良好的名声。　⑰责：要求。妍影：美丽的影子。　⑱体道合德：体察事物规律而使言行符合道德。

享鬼神之福祐，非所以求名也；立名者，修身慎行，惧荣观①之不显，非所以让名②也；窃名者，厚貌深奸③，干浮华之虚称④，非所以得名也。

人足所履⑤，不过数寸，然而咫尺之途，必颠蹶于崖岸⑥，拱把之梁⑦，每沉溺于川谷⑧者，何哉？为其旁无余地故也。君子之立己⑨，抑⑩亦如之。至诚之言，人未能信，至洁之行，物⑪或致疑，皆由言行声名，无余地也。吾每为人所毁⑫，常以此自责。若能开方轨之路⑬，广造舟之航⑭，则仲由之言信，重于登坛之盟⑮，赵熹之降城，贤于折冲之将矣⑯。

吾见世人，清名登而金贝入⑰，信誉显而然诺⑱亏，不知后之矛戟，毁前之干橹⑲也。宓子贱⑳云："诚于此者形于彼㉑。"人之虚实真伪在乎心，无不见乎迹，但察之未熟耳㉒。一为察之所鉴㉓，巧伪不如拙诚㉔，承之以羞㉕大矣。伯石让卿㉖，王莽辞政㉗，当于尔时，自以巧密㉘；后人书之，留传万代，可为骨寒毛竖也。近有大贵㉙，以孝著声㉚，前后居丧，哀毁逾制㉛，亦足以高于人矣。而

---

①荣观：荣誉。　②让名：把名誉让给别人。　③厚貌深奸：外貌忠厚，内怀阴谋。　④干：求取。虚称：虚名。　⑤人足所履：履是鞋子，这里指人脚穿鞋所踩的地方。　⑥颠蹶（jué）：跌倒。崖岸：山崖。　⑦拱把之梁：窄小的桥梁。两手合围叫拱，单手所握叫把，梁指桥梁。　⑧每：常常。沉溺于川谷：指从窄桥上掉进河里。　⑨立己：在社会上立足。　⑩抑：大概。　⑪物：指他人。　⑫毁：诋毁、诽谤。　⑬方轨之路：两车可以并行的大路。　⑭广造舟之航：把船连起来叫航，这里指大船。　⑮这两句话的意思是：如果留有余地，那就能像子路那样说话可靠，比诸侯结盟时的誓言更可靠。仲由即孔子弟子子路。　⑯"赵熹"两句：赵熹是东汉人，以信义著称，凭借其信义而使敌城投降；冲是古代攻城的战车，折冲之将就是使敌人的战车后撤的将才，但即使如此仍不如凭借信义就制敌的赵熹。　⑰清名登：建立了清美的名声。清名，清美的名声。登，成熟，这里指树立。金贝：货币、钱财。　⑱然诺：信誉、诺言。　⑲这两句话即前后自相矛盾的意思。干橹，盾牌。　⑳宓子贱：一作"宓子贱"，春秋时鲁国人。　㉑这句话的意思是：内心诚实就会表现出来。　㉒察：辨认。熟：仔细。　㉓所鉴：照察，指发现事情的真相。　㉔这句话的意思是：巧妙的虚伪不如笨拙的诚实。　㉕承之以羞：承接而来的耻辱。　㉖伯石让卿：春秋时郑国的伯石假意推辞不做卿。　㉗王莽辞政：东汉末王莽假意推辞不做大司马。　㉘巧密：巧妙缜密。　㉙大贵：显贵大官。　㉚著声：著名。　㉛哀毁逾制：居丧时的礼数超过了要求。哀毁，居丧时因为悲痛而损伤身体，因此借指居丧时的礼节。

尝于苦块①之中，以巴豆②涂脸，遂使成疮，表哭泣之过。左右童竖③，不能掩之，益使外人谓其居处饮食，皆为不信。以一伪丧百诚者，乃贪名不已故也。

有一士族，读书不过二三百卷，天才钝拙，而家世殷厚，雅④自矜持，多以酒㹀珍玩⑤，交诸名士，甘其饵⑥者，递共吹嘘。朝廷以为文华⑦，亦尝出境聘⑧。东莱王韩晋明⑨笃好文学，疑彼制作⑩，多非机杼⑪，遂设谦言⑫，面相⑬讨试。竟日⑭欢谐，辞人⑮满席，属音⑯赋韵，命笔为诗，彼造次即成，了非向韵⑰。众客各自沉吟，遂无觉者。韩退叹曰："果如所量！"韩又尝问曰："玉珽杼上终葵首⑱，当作何形？"乃答云："珽头曲圌⑲，势如葵叶⑳耳。"韩既有学，忍笑为吾说之。

①苫（shān）块：古人居父母之丧时以草垫为席、土块为枕。 ②巴豆：出巴郡，有大毒。 ③童竖：侍童。 ④雅：经常。 ⑤㹀：小牛，这里指其肉。珍玩：珍贵的玩赏物。 ⑥饵：诱饵，指上文酒㹀珍玩等好处。 ⑦文华：有才华之人。 ⑧聘：出使访问。 ⑨韩晋明：北齐名臣，袭爵为东莱王。 ⑩制作：所作诗文。 ⑪机杼（zhù）：原指织布机，这里借指自己内心。 ⑫谦言：即宴言，宴饮谈话。 ⑬面相：当面。 ⑭竟日：整天。 ⑮辞人：能作辞赋之士。 ⑯属（zhǔ）音：写诗。属，连缀。 ⑰了非：完全不是。向韵：之前的韵味。 ⑱玉珽（tǐng）杼上终葵首：玉珽是古代皇帝拿的玉板，杼是削薄的意思，终葵是齐国方言，即椎。全句意思是把玉板削到椎头为止。 ⑲圌（yuán）：弯曲圆转。 ⑳葵叶：终葵叶子，这里富家子弟把意为椎的齐国方言"终葵"当成是植物终葵。

文史知识

一、楷书四大家

楷书，也称真书、正书、正楷，是由隶书简化而来的一种字体，因为"形体方正，笔画平直，可作楷模"而得名。楷书出现于魏晋南北朝，成熟于唐代，并沿用至今，依旧是手写汉字的正体。在历代书法家中有四位尤其以楷书而著称，因此被合称为楷书四大家，他们依次是唐代的欧阳询、颜真卿、柳公权和元代的赵孟頫，他们的字体也被称为欧体、颜体、柳体、赵体。

二、颜之推

中国古代文学家、教育家，字介。颜之推祖上是南渡士族，"永嘉之乱"后迁居江南。颜之推最早在梁朝为官，后来被西魏俘虏押往长安，又出逃到北齐，为官长达二十年。北周攻灭北齐后，他又转仕北周，隋朝取代北周后又被召为学士。颜之推一生由南而北，先后在四个朝代为官，阅历丰富、见识深刻，因此《颜氏家训》的确是一部包含个人心得的作品。这部书共二十卷，以儒家思想为核心提出了一整套系统完整的方案，有不少真知灼见，被后世称为"家教规范"。

三、门阀士族

门阀士族是指世代为官，在社会上有权有势的名门望族，又有门第、衣冠、世族、世家、巨室等称呼。门阀是门第和阀阅的合称，第指的是直接面向大街开的院门，这在古代是身份地位高的标志，阀阅则是指资历和功绩，尤其是祖先立下的功业。门阀士族萌生于两汉，鼎盛于东晋，衰弱于南北朝。门阀士族垄断了察举制和九品中正制下的选官，他们的子弟无不获得优先照顾，轻松就可当上高官，在当上高官后又致力于维护本家族利益，因而势力越来越大。东晋时期琅琊王氏、陈郡谢氏、陈郡袁氏、兰陵萧氏最为显赫，其中琅琊王氏更因为王导拥立司马睿称帝开创东晋之功而被称为"王与马共天下"。

四、南北朝

南北朝是对中国历史上从公元420年刘裕建立南朝的第一个王朝宋朝开始直到公元589年隋朝灭南朝最后一个王朝陈朝重新统一中国为止的这段时期的称呼。这段时期延续了东晋和五胡十六国南北分裂的局面，南方先后有宋、齐、梁、陈四个朝代，被称为南朝，北方先后有北魏、东魏和西魏、北齐和北周五个朝代，被称为北朝。这段时期是南北交流、民族融合的时期，为接下来的隋唐盛世奠定了基础。这里附带介绍一下什么是六朝。所谓六朝是三国时期的吴国、东晋、南朝的宋齐梁陈四代一共六个朝代的并称，它们均以建康（或建邺、建业，今江苏南京）为首都，这也是南京被称为"六朝古都"的由来。

思考与练习

● 背一背、默一默

1. 农民则计量耕稼，＿＿＿＿＿＿＿，＿＿＿＿＿＿＿，＿＿＿＿＿＿＿，
＿＿＿＿＿＿＿，＿＿＿＿＿＿＿。

2. 父兄不可常依，＿＿＿＿＿＿＿，一旦流离，无人庇荫，＿＿＿＿＿＿＿
＿＿＿＿＿＿＿。

3. 夫学者犹种树也，＿＿＿＿＿＿＿，＿＿＿＿＿＿＿；＿＿＿＿＿＿＿，春华
也，＿＿＿＿＿＿＿，秋实也。

4. 古人勤学，有＿＿＿＿＿＿＿，＿＿＿＿＿＿＿，＿＿＿＿＿＿＿，＿＿＿＿＿＿
＿＿＿＿，＿＿＿＿＿＿＿。

5. ＿＿＿＿＿＿＿，文章有巧拙。

6. 放逸者流宕而忘归，＿＿＿＿＿＿＿。

● 比一比、赛一赛

1. 组织一个"《颜氏家训》诵读会"，选择你最喜欢的一段诵读，请全班
同学做评委，看看谁读得最有感情。

2. 请自行搜寻资料，和你的小伙伴组队写一出反映"颜杲卿怒斥安禄山"
的剧本，并和别的队交换剧本演出，看看谁能把别人的剧本演活。

● 探究

1. 模仿我们学过的《史记》体例，从颜之推、颜真卿、颜杲卿中选择一位
写个小传吧！

2. 家训也是家谱的重要组成部分。你知道什么是家谱吗？它有什么特点？
请自行搜索资料，编写一份关于"中国人的家谱"的调查报告。

3. 请自行搜寻资料，为颜之推家编写一份家谱。

4. 你们家有没有家训、家谱呢？如果没有的话，不妨尝试一下自己编写一
份吧！

结合本单元选文和颜之推生平，以《颜之推写家训》之名为单元导读配插画。

_____

_____

_____

_____

_____

_____

_____

_____